KB211152

이뭣고 참선요지

청운스님

이
뭣고
참선요지

이뭣고 수행의 길 ————————————————

『나를 찾아가는 길 – **이뭣고**』 수행법에 이어 재가불자들이 생활 속에서 실참 수행할 수 있는 간화선 **이뭣고**를 요약要約해 보았다.

한 생각 번뇌 망상은 거울에 묻어 있는 때의 흔적과 같다. 이 때가 제거되어야 비로소 생사가 없는 경지에 이르게 되는 것이다.

⇒ 당당한 대도大道는 대단히 밝고 분명하여 사람마다 본래 구족具足해 있고 원만히 이루어져 있지만, 다만 한 생각[찰나에 900번이나 생멸]으로 인因하여 만 가지 모양을 나타낸다고 했다.

⇒ 내 생각과 너의 생각 모두가 자기가 전생에 지어서 장식藏識에 쌓아 놓은 업식業識에서 비롯한다. 한 생각은 서로 다른 분별심이 표출된 것이기 때문에 모

두가 다툼으로 이어져 전생을 재연하게 된다.

이 끝없는 시시비비是是非非를 즉시 알아차리고[싸띠] 한 생각의 뿌리를 뽑아버리는 유일한 금강보검이 **이뭣고**이다.

세세생생 이어온 한 생각[無明]인 업장을 금생에 소멸시켜 생사윤회에서 벗어나는 데 도움이 되길 바랄 뿐이다.

(사)음관수월선원 선원장

청운 합장

이·뭣·고 – 참·선·요·지

사성제四聖諦와 팔정도八正道

부처님께서 정각을 성취한 뒤 처음으로 설한 법은 사성제와 팔정도였다. 녹야원에서 다섯 비구를 대상으로 설한 이 초전법륜에서 부처님은 모든 중생으로 하여금 육도윤회의 바탕이 되는 생사고生死苦에서 벗어나는 유일한 길을 제시했다.

⇒ 보통 고·집·멸·도苦集滅道로 표현되는 사성제는 괴로움에 대한 진리인 고성제, 괴로움의 원인에 대한 진리인 집성제, 괴로움의 소멸에 대한 진리인 멸성제, 괴로움의 소멸로 인도하는 길에 대한 진리인 도성제 등을 말한다.

초기경전에서는 이들 네 가지 명제 앞에 모두 '고苦'를 덧붙여 고성제苦聖諦, 고집성제苦集聖諦, 고멸성제苦滅聖諦, 고멸도성제苦滅道聖諦 등으로 표현하고 있다. 이로 보면 사성제가 '괴로움[苦]'의 해결에 초점을 맞춘 가르침이라는 것을 알 수 있다.

부처님은 첫 번째 진리인 고성제에서 삶의 괴로움을 여덟 가지[8고]로 포괄하여 제시했다.

생·로·병·사 : 나고 늙고 병들고 죽는 근본적인 괴로움(4고)

애별리고愛別離苦 : 사랑하는 것과 헤어지는 괴로움(5고)

원증회고怨憎會苦 : 미워하는 것과 만나는 괴로움(6고)

구부득고求不得苦 : 원하는 것을 얻지 못하는 괴로움(7고)

오취온고五取蘊苦 : 5취온五取蘊의 괴로움(8고)

이 중에서 마지막의 '5취온이 괴로움'이란 것은, 5온으로 이뤄진 몸뚱이에 취착하는 자아의식을 갖춘 몸[5취온] 그 자체가 괴로움이라는 의미이다.

⇒ 부처님은 사성제로 드러난 괴로움을 소멸시키는 방법으로 팔정도八正道를 제시했다. 즉, 오온에 대한 욕망을 끊고 괴로움을 초월한 열반에 도달하는 수행법이 팔정도인 것이다. 팔정도는 해탈을 지향하는 초

기불교의 대표적인 수행 덕목이다.

사성제는 이렇듯 불교의 출발점이라 할 수 있는 괴로움에서 시작하여 그 마지막 목적지인 해탈에 이르기까지의 이론뿐만 아니라, 이에 대한 실천을 완비하고 있다. 불법의 바탕이 되는 '성스러운 진리'[聖諦]라 하는 것도 이 때문이다. 초기불교에서는 사성제와 팔정도를 수행의 지침으로 삼았다.

하지만 대승불교에서는 육바라밀을 보살의 실천 수행 방법으로 제시했다. 그러나 선禪은 육바라밀에서도 한 걸음 더 나아갔다.

영가현각(永嘉玄覺, 665-713) 선사 「증도가」證道歌에 이르길,

돈각요지여래선頓覺了知如來禪
육도만행체중원六度萬行體中圓이라.

이뭣고 수행으로 여래선을 깨치면, 육바라밀 하나하나를 별도로 닦지 않아도 보살행이 원만히 구족具足된다는 말씀이다.

삼법인三法印

부처님이 존재의 특성을 고집멸도苦集滅道라는 사성제로 규정한 것은 삶의 현상을 무상無常·고苦·무아無我로 보았기 때문이다. 삼법인三法印으로 일컬어지는 무상·고·무아를 인식함으로써 괴로움의 원인을 밝힐 수 있었으니, '법인法印'이라 하는 것이다.

모든 것은 변한다는 '제행무상諸行無常'
항상하지 않기에 괴로움이라는 '일체개고一切皆苦'
항상 변하여 괴로운 존재에게 '나'라고 할 주체가 없다는 '제법무아諸法無我'.

이 삼법인은 인간에 대한 부처님의 냉철한 시각을 보여준다. 특히 '무아'는 부처님만이 인식한 유일한 개념으로 이후 정법正法과 외도의 사법을 구분 짓는 잣대가 되었다.

⇒ 제행무상諸行無常

분별적分別的 사유思惟에서 생기는 인식현상은 인식주체 내에서 회론回論되어 일어나는 데, 그것을 일으키는 의식작용이 바로 행行이다. 이때 생기는 인식현상에 자성自性이 없다는 것은 그 행의 작용이 항상하지 않기 때문이다.

⇒ 일체개고一切皆苦

여기에서의 일체란 5취온으로서의 육신肉身을 가리킨다. 인간의 근원적인 고苦는 인간이란 존재의 무상함에서 비롯된다. 따라서 일체개고란 사성제의 '5취온이 괴로움이다.'란 가르침과 다름없다. 내[5취온]가 존재하는 한 '나'라는 집착에서 벗어날 수 없으므로 몸뚱이[5온] 그 자체가 괴로움일 수밖에 없는 것이다.

⇒ 제법무아諸法無我

인식주체의 연기 작용에 의하여 형성되는 인식 현상은 허망虛妄한 분별심分別心에 의하여 생긴 것이기 때문에 자성自性이 없다는 것이다. 만유의 모든 법法은 인연因緣으로 생긴 것으로 자아自我라고 할 실체가 없다.

⇒ 열반적정涅槃寂靜

한 생각 번뇌煩惱를 떠난 마음으로 완전한 고요와 평화를 말한다. 일체의 존재가 연기緣起로 이루어짐을 깨달았을 때 오는 경계가 열반적정이다.

열반적정은 무상·고·무아라는 존재의 현상을 바르게 보았을 때 자연스럽게 증득되는 경계이다. 일체개고를 대신하여 삼법인으로 보기도 하는 데, 이들 네 가지를 합쳐 사법인四法印으로 부르기도 한다.

12연기緣起와 무명無明

십이연기十二緣起는 윤회輪廻하는 삶의 인과관계를 설명하는 불교의 근본교리이다. 즉 미혹한 정신 상태인 ①무명無明이 원인이 되어 ②행行→ ③식識→ ④명색名色→ ⑤육입六入→ ⑥촉觸→ ⑦수受→ ⑧애愛→ ⑨취取→ ⑩유有→ ⑪생生→ ⑫노사老死의 생사 윤회가 되풀이됨을 밝힌 이론이 십이연기설이다.

십이연기는 육신으로 태어나서 소멸에 이르는 과정, 그리고 그 과정에서 일어나는 심리적 현상의 생성과 소멸이라는 이중적인 구조로 되어 있다. 이러한 이중 구조는 육신의 태어남[④명색]과 자각을 갖춘 인간으로서의 태어남[⑪생]을 구분하여 배치한 것에서 잘 드러난다.

연기설에서 ①무명無明→ ②행行→ ③식識은 육신의

몸[④명색名色]을 받기 이전의 상태이다. 인간의 식識
작용은 ④명색名色에서 6입처로 외부대상을 받아들이
고 그렇게 인식된 상을 차곡차곡 기억 속에 저장하는
⑤육입六入→ ⑥촉觸→ ⑦수受→ ⑧애愛→ ⑨취取의
과정을 거치면서 분별식分別識으로 저장된다.

이 과정을 오온五蘊의 색수상행식色受想行識과 결부하
여 보면 다음과 같다.

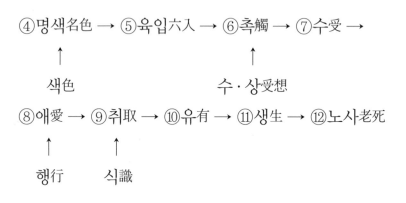

따라서 근본적인 무명으로 인하여 축적되는 제7말나
식의 분별식分別識은 12연기로 보자면 ⑨취取에서 일
어나는 오온의 식識 작용이다.
이때의 식은 가아假我(거짓 나)인 '나我'를 '진아眞我'로

착각하여 제8아뢰야식[藏識]에 저장되는 데, 이것이
⑪생生→ ⑫노사老死로 이어지며 생사 윤회를 거듭하
는 것이다.

⇒ 연기설은 이 모든 과정의 근본원인을 무명無明에
서 찾는다. 오온의 분별식에서 비롯된 허망虛妄한 한
생각이 만드는 '나의 마음' 또는 '나'라는 집착심執着
心도 결국은 무명으로부터 시작된다는 것이다.

또한 중생의 회론㦥論, 즉 이렇다 저렇다 사량하고 분
별하는 그러한 분별적分別的 사유思惟에서 인식認識된
것은 참다운 실상이 아니고, 인식주관 속에서 조작造
作되고 구성된 허상虛相에 지나지 않는다는 것이 연기
설이다.

진성연기眞性緣起

진리眞理는 불변不變이다. 불변의 진리가 수연隨緣하여 허망한 만법萬法을 이루니 그것이 세상의 모습이다. 업신業身으로 인因한 모든 정신적·물리적 현상現象은 오직 진성연기眞性緣起일 뿐이다.
『전등록』傳燈錄 권4에 전한다.

현정玄挺 스님이 어느 날 오조五祖와 함께 있는데, 장안에서 화엄경華嚴經을 강의한다는 중이 와서 오조에게 여쭈었다.
"참 성품이 인연따라 일어난다[眞性緣起]고 하는 데, 그 뜻이 무엇입니까?"
이때 오조가 잠자코 있자, 옆에 있던 현정 스님이 말했다.
"대덕이 문득 한 생각 일으켜서 물을 때가 바로 '참 성품 가운데서 인연따라 일어나는 것'입니다."

이에 그 중이 크게 깨달았다.

⇒ 범부들은 꿈 같고 환幻과 같은 현상現相을 실제인 줄로 오인하여 분별하고 취사取捨하면서 '나'와 '내 것'에 집착執着한다. 이 때문에 세상의 시시비비是是非非가 일어나고 생사법生死法에 걸리는 것이다.

⇒ 밝음도 어두움도 깨달음도 미혹함도 전부 여여부동한 참 성품의 거울에 나타나는 허망한 그림자[진성이 연기한 것]이다. 하지만 대원경大圓鏡에 들면 번뇌가 그대로 보리菩提요 속박이 그대로 해탈解脫이다.
「증도가」證道歌에 이르되,

무명실성즉불성無明實性卽佛性
환화공신즉법신幻化空身卽法身이라.

무명無明의 실제 성품이 곧 불성佛性이요
허깨비 같은 빈 몸이 곧 법신法身이다.

깨닫고 보면 윤회輪廻와 업業과 무명無明이란 공空한

허깨비와 같다. 그렇게 본래 없는 것에 매어 있으니
우리의 삶 자체가 허깨비 놀음일 수밖에 없는 것이다.

⇒ 연기緣起는 무아無我를 근본사상으로 한다. 그러나
범부凡夫는 우치愚癡해서 실체가 없는 '아我'를 항상
한다고 믿음으로써 생멸生滅에 떨어지고 만다.
천의의회(千依義懷, 989-1060) 스님 송頌하기를,

안과장공雁過長空 영침한수影沈寒水
안무유종의雁無遺踪意 수무취영심水無取影心이라.

기러기 하늘을 날아가니
차가운 물에 그림자 잠기네.
그러나 기러기 물 위에 그림자 남길 뜻 없고
바닷물 또한 받을 마음 없네.

속세의 분별심을 떠난 무아無我 무심無心의 경지이다.

⇒ 모든 상대성相對性은 연기법緣起法의 절대성絶對性
이 바탕이 되어 이루어진다. 죽음이란 모든 형상形相

에는 자체성自體性(自性)이 없으므로 상대성인 몸뚱이
라는 모습도 없어지는 것이다.

⇒ 색멸공色滅空이 아니라 색성공色性空이다.
색色[형상]이 멸滅해서 공空이 아니라 색의 성품性品 자
체가 공하다는 것이다.
마음을 떠난 일체의 상相은 무자성無自性의 연생법緣
生法이어서 생멸生滅이 있고 무상無常한 것이다.

⇒ 인연因緣따라 생겨나는 모든 법法은 '본래本來 자체
성품自體性品'이 없기 때문에 인연因緣에 의해서만 존
재한다.
이것이 연기緣起의 이치理致이다.
마치 그림자가 물체에 의지해서 생겨나고, 메아리가
소리라는 파동波動하는 에너지에 의지해서 생겨나는
것과 같다,

⇒ 현상現象의 제법은 일심一心의 본체本體가 인연因緣
을 따라 발생하였을 뿐 마음 자체가 발생한 것은 아
니다.

⇒ 인연因緣으로 발생한 만법은 본래 무생無生의 본무
本無이기 때문에 만법萬法이 소멸한다 해도 인연이 사
라졌을 뿐 마음 자체가 사라진 것은 아니다.

그러나 본무일심本無一心은 인연의 화합을 따라 제법
으로 나오지도 않았고 인연의 분리分離를 따라 사라
지지도 않는다.

오온五蘊과 오취온五取蘊

불교 인식론은 감각 기관인 육근六根[안眼·이耳·비鼻·설舌·신身·의意]과 인식대상인 육경六境[색色·성聲·향香·미味·촉觸·법法]이 만나 이를 지각하는 육식六識[안식眼識·이식耳識·비식鼻識·설식舌識·신식身識·의식意識] 등 18계의 작용에서 시작한다.

6내입처[육근]가 6외입처[육경]를 인식하여 받아들임으로써 6식六識이라는 분별식이 생겨난다는 말이다. 이렇게 인식된 내용을 분별하여 저장하는 6식을 일컫는 술어가 계界인데, 12처와 6식을 더하여 18계라 한다.

18계는 끊임없이 반복되는 존재의 의식현상이다. 18계의 의식은 내입처가 인식한 외입처에 대한 새로운 정보를 분석, 저장하는 데 이 과정을 '촉觸'이라 한다.

경에서는 이를 "18계를 인연하여 촉이 생기며, 눈과 형상, 안식의 화합이 촉"이라고 설명하고 있다.

즉 '촉'이란 이미 성립한 인식을 반복하여 받아들이면서 굳어지는 의식이라 할 수 있다. 따라서 촉에서 생성된 의식은 나와 남을 가리고, 좋고 싫음을 분별하는 분별식으로 성장할 수 있는 의식이다.

⇒ 괴로움의 덩어리라 불리는 5취온은 인간을 구성하는 '몸色'과 몸에 의지하여 일어나는 의식작용인 '느낌受 · 인식想 · 의지行 · 의식識' 등의 다섯 가지 요소를 말한다.

색色—사대四大인 지地 · 수水 · 화火 · 풍風
수受—그리움과 즐거움 등 느낌이나 감정
상想—생각과 관념을 형성하는 작용
행行—행위를 낳는 의지 작용
식識—식별, 인식, 판단하는 작용을 말한다.

⇒ 인간 개인의 구성 요소를 오온五蘊이라 한다. 이

중 색色은 물질로 이루어진 육신을 말하지만, 나머지 수·상·행·식은 마음작용을 말한다.

18계는 인식 주체의 주관적 측면에 중심을 두어 육근, 육경, 육식의 관계와 작용을 설명한다. 이때 전오근前五根과 전오경前五境을 물질로, 그리고 법法과 육식六識을 마음작용으로 구분하고 있다.

⇒ 오취온은 존재에 대한 집착을 가져와 번뇌煩惱와 망상妄想 속에 머물러 있게 한다. 이렇듯 육진六塵에 멈추는 것이 생사윤회生死輪廻이다.
상相에 머물지 않고 원각圓覺을 **이뭣고**로 직관直觀하는 것이 머물지 않는 것이다.

⇒ 촉이라는 분별식에 의해 형성된 5취온은 반복되는 바깥대상에 대한 새로운 인식을 쌓아가면서 모든 분별망상의 바탕이 된다. 즉 외부존재인 색에 대해 인식된 내용인 수·상·행이 식에 저장되며, 이 저장된 식으로 다시 외부존재를 인식하는 과정을 되풀이하는 것이다.

뿐만 아니라 5취온의 식은 자기 스스로를 대상화하여 받아들임으로써 식을 점차 증장시킨다. 이렇게 증장된 5취온이 '나'에 대한 취착심을 일으키면서 괴로움을 만들어낸다. 부처님께서 괴로움에 대한 진리[고성제]를 설명하면서 "5취온이 괴로움이다."고 했던 것도 이 때문이다.

⇒ 또한 오취온五取蘊은
오온五蘊을 '나'라고 굳게 믿고 번뇌煩惱와 집착執着[取]을 일으키는 주체이다.
한산寒山 시詩에 이른다.

한산정상월륜고寒山頂上月輪孤
조견청공일물무照見晴空一物無
가귀천연무가보可貴天然無價寶
매재오음익신구埋在五陰溺身軀라.

한산의 꼭대기에 둥근달이 외로이 밝아
맑은 하늘을 밝게 비추니 그대로 본래 청정해서 티끌 하나도 없구나.

값으로 따질 수 없는 진귀珍貴한 진여 자성眞如自性의
보배가 중생의 오온五蘊 통 속에 매장되어 있구나.

⇒ 『화엄경』華嚴經 사구게에 이른다.

심여공화사心如工畵師 능화제세간能畵諸世間
오온실종생五蘊實從生 무법이부조無法而不造라.

마음[識心]은 그림을 그리는 화가와 같아서
능히 세상사를 다 그려낸다.
오온이 다 마음으로부터 나온 것이어서
무엇도 만들어 내지 않은 것이 없도다.

또한 중생의 삶은 식심識心인 오온으로 이뤄지기에
무아無我를 떠난 육도윤회六道輪廻로 이어질 수밖에
없다. 오온五蘊인 색수상행식色受想行識이 모두 마음
[識心] 작용의 구체적인 내용인 것이다.

⇒ 계빈국 왕이 제24대 사자 존자에게 물었다.
"무슨 공부를 하셨습니까?"

"오온五蘊이 공空함을 공부했습니다."

"오온이 공空함을 얻었습니까?"

"얻었습니다."

"그렇다면 그대의 목을 쳐도 되겠는가?"

그러자 존자가 답했다.

신비아유身非我有 하항두호何沆頭乎라.

"이 몸뚱이가 내가 아닌데, 하물며 머리겠습니까."

이에 왕이 목을 베니 흰 피가 높이 솟았고, 왕의 팔이 저절로 떨어졌다.

⇒ 진나라 왕 의회는 승조(僧肇, 384-414) 대사를 환속시켜 재상으로 삼고자 했다. 왕은 여러 차례에 걸쳐 대사를 설득했지만 이미 깨쳐 천하天下를 품은 승조 대사는 왕명을 따르지 않았다. 이에 왕이 목을 베니 그때 남긴 대사의 열반송이다.

사대원무주四大元無主 오온본래공五蘊本來空
장두임백인將頭臨白刃 유사참춘풍猶似斬春風이라.

사대는 본래 주인이 없음이요

오온은 원래 비어 있음이라.
머리를 흰 칼로 친다 해도
마치 허공의 봄바람을 베는 것과 같도다

⇒ 백용성(白龍城, 1864-1940) 스님이 송하되,

오온산중심우객五蘊山中尋牛客
독좌허당일륜고獨坐虛堂一輪孤
방원장단수시도方圓長短誰是道
일단화염소대천一團火炎燒大千이라.

오온 산중 빈집에
홀로 앉은 나그네가 부처를 찾는데, 둥글고 밝은 달
이 비추고 있구나!
모나고 둥글고 길고 짧은 이것이 누구의 도인고?
일단의 **이뭣고** 불꽃이 대천 번뇌를 태우네.

⇒ 여실지견如實智見
오온五蘊에 대하여 있는 그대로 알고 보는 지혜가 생
겨나서, 오온이 청정淸淨해졌을 때 다시는 윤회하지

않음을 깨닫고 더 이상 번뇌煩惱가 일어나지 않는 경
지이다. 불지견佛地見이라고도 한다.

심의식心意識은 객진 번뇌客塵煩惱이다

심의식心意識은 우리가 전생前生에 지은 업장業障의 먹구름이다. 본래의 지혜광명을 한 생각 무명無明이 뒤덮어 중생계를 만들고 이것이 건너갈 수 없는 육도의 강江을 이룬다.

바로 이 한 생각의 뿌리를 뽑아 소멸시켜 본래의 자성청정심自性淸淨心으로 환지본처還至本處하여 불지佛地를 이루기 위한 참선수행이 **이뭣고**이다.

⇒ 심의식心意識은 망상妄想이다.

본각本覺에서 나오는 묘명妙明의 그림자를 실다운 것으로 착각錯覺하는 것일 뿐, 실은 인연因緣따라 꼭두각시처럼 나타났다 사라지는 무상한 것이다.

심心→ 집기集起→ 신구의身口義 삼업三業을 쌓고 일으키는 것.

의意→ 말나末那→ 사량분별→ 전생에 쌓은 원인[業]
　　　　을 바탕으로 생각하고 헤아리는 것.
식識→ 요별了別→ 마음 작용 대상을 분별하는 것.
　　　　식識은 12연기의 ①무명無明이 원인이 되어 형
　　　　성된 가아假我인 제7말나식[오온의 식]이 성숙된
　　　　분별의식分別意識으로 생사윤회의 근본으로 작
　　　　용한다.

⇒ 삼계허위三界虛僞 유심조작唯心造作 이심즉무육진
경계離心卽無六塵境界 차의운하此義云何 이일체법以一切
法 개종심기망념이생皆從心起妄念而生이라.

삼계가 허위인지라
오직 마음이 지은 바이니,
마음을 여의면 곧 육진 경계가 없으리라.
이 무슨 뜻인가?
일체법이 다 이 마음에서 일어나고
망념妄念에서 생겨나기 때문에
일체가 심식心識에 의해서 존재하고 작용한다는 것이다.

⇒ 본래무일물本來無一物이기에 일체一切가 망심妄心의 작용일 뿐이니, 일체一切가 유심조唯心造이다. 불법은 우리가 알고 있는 모든 것[萬法]이 전부 생각이고 관념이며 식識일 뿐이라는 사실을 깨닫는 것이다.

망념은 마음 밖에 법法이 있다고 믿는 데서 생긴 것이니, 이를 떠난 부처는 내 생명과 우주 만물 만생의 본질이며 주인공이다.

삼제원융三諦圓融

천태교학에서는 공·가·중空假中의 삼제로 실상實相의 참모습을 밝혔다.

공제空諦 : 만법萬法은 여러 인연因緣으로 인因하여 발생하므로 공空이라 한다. 연기緣起하여 생生한 제법諸法은 고정적인 유有가 아니기에 실체로서의 존재가 아니라 공으로서 존재한다는 것을 뜻한다.

가제假諦 : 또한 연기緣起한 제법은 비록 공空이지만 한편으로 연기緣起하여 존재하므로 결코 무無가 아니기 때문에 가假로 표현한다.

중제中諦 : 이렇게 한편으로 공空이고 한편으로는 가假이므로 유有와 무無를 초월한 중도中道를 이루는 중中이 된다.

일체의 모든 것은 이처럼 공空, 가假, 중中 삼제三諦를
함께 갖추고 있으므로, 개별적으로 독립된 것이 아니
고 서로 원융圓融한 그 자체가 실상實相이라는 것이다.

유식삼성唯識三性

유식唯識에서는 일체 존재, 즉 우주 전체 및 우주의 모든 개별 존재의 상태를 변계소집성遍計所執性 · 의타기성依他起性 · 원성실성圓成實性 등 세 가지로 구분하는 데 이를 삼성三性이라 한다.

⇒ 변계소집성邊計所執性은 식識의 실성實性인 의타기성을 알지 못하는 무명無明으로 인하여 발생한다. 변계소집성에 의하여 일어난 색色은 본래 없는 것을 망심妄念으로 그려낸 것이기 때문에 공空이다.

뇌의 심층에 저장되어 있는 제8아뢰야식의 발현發現일 뿐이라는 것을 모르고, 거짓 자아인 제7말나식에 의해서 거짓 대상에 분별分別 집착執着을 일으키는 것이다. 제7말나식은 의식적意識的으로 생각하기 전에 선천적先天的으로 타고난 의식이다.

마치 저녁 무렵 길 위에 놓여 있는 새끼줄 한 토막을 뱀으로 착각하는 것처럼 허상에 집착해서 생기는 것이다. 이렇듯 변계소집성의 무명 속에서 평생을 거짓 나[假我]로 살며 육도의 고해 바다에서 헤매는 것이 중생의 삶이다.

⇒ 의타기성依他起性이란 우리가 착각하는 저 새끼줄이 다른 것과 연기緣起에 의한 상즉相卽 상입相入의 관계를 이루는 속성을 말한다.

사물이 서로 연기하는 상태를 상입이라 하며, 겉으로 보기에는 별개의 사물 같지만 그 본체는 하나라는 것이 상즉이다.
즉 종이는 펄프에서, 펄프는 나무에서, 나무는 흙과 물과 공기와 태양 등 수많은 요소要素의 인因과 연緣으로 또 사람들의 손과 기계를 거쳐 만들어진다. 즉 상즉, 상입하고 있다. 그러므로 너와 내가, 들꽃이 둘이 아닌 곧 우주 그 자체인 것이다.

의타기성에 의하여 생겨난 색色은 인연因緣따라 존재

存在하고 멸멸滅하는 가유假有의 색색色이기 때문에 공공空할
수밖에 없다.

⇒ 원성실성圓成實性은 위 두 가지를 멀리 떠난 성품
性品이며 모든 현상의 궁극적인 이치理致이고 또 진여
眞如이다.

분별이 끊긴 상태이기에 불변이며, 모든 법法의 참다
운 성품이므로 원성실성이라 한다. 원성실성의 입장
에서 보면 색색色이란 일어남도 일어나지 않음도 없는
공공空의 본질本質이기 때문에 역시 공공空하다.

⇒ 유식29송
마음이 없어 생각하거나 헤아리지 않으니
이는 출세간出世間의 지혜이다.
즉, 주관과 객관을 버림으로써 문득 전의轉依를 증득한
다.

⇒ 유식 30송
이것은 번뇌煩惱가 없는 상태이고

불가사의不可思議하고, 절대선絕對善이고,
안락安樂이고, 해탈신解脫身이고, 위대한 성자聖者이니
이를 법신法身이라 한다.

본래면목本來面目의 자각自覺

나무꾼이었던 혜능慧能 스님이 오조홍인五祖弘忍으로
부터 신수(神秀, 606~706) 대사를 제치고 법法을 받아
야밤에 도주하던 때의 일화이다.
혜능 스님이 혜명 수좌에게 물었다.

불사선不思善 불사악不思惡
정당正堂 임마시恁麼時
나게시那箇是 상좌上座 본래면목本來面目인고?

선도 생각하지 않고 악도 생각하지 않을 때
혜명 수좌의 본래면목은 무엇인가?

이 물음에 혜명이 홀연히 깨닫고 삼배를 올리니, 혜
능 스님이 다시 물었다.
"무엇을 깨달았는고?"

여음료자如飮料者 냉온자지冷溫自知라.

"물을 마셔 본 자만이 차고 더운 지를 스스로 압니다."

이에 혜능 스님이 인가하시니, 육조의 첫 번째 제자가 되었다.

상대적相對的인 선악善惡 시비是非 분별分別을 떠난 절대적인 부모미생전父母未生前 본래면목本來面目의 자각自覺을 드러낸 것이다.

생각 이전의 마음이 우리의 참 본성本性인 본래면목이다.

'나'라는 한 생각이 어디에서 일어났는가?

모든 생각과 망상妄想은 각자 전생의 인습因習으로 제8아뢰야식의 업業 창고에 쌓아 놓은 아타나[執持識]인 업종자業種子가 한 생각이 떠오를 때마다 분별의식分別意識으로 순간순간 표출되어 전생을 재연하는 것이다.

이뭣고에서 '이[是]'는 생각 이전以前 자리를 문자로 드러낸 것이다. 그 자리[自性]를 직관直觀함으로써 즉卽

이 되어 생각[業]이 소멸되며. 성불成佛로 이어지는 것
이다.

⇒ 소요태능(逍遙太能, 1562-1649) 스님 송頌하길,

백천경권여표지百千經券如標指
인지당관월재천因指當觀月在天
월락지망무일사月落指忘無一事
기래끽반곤래면飢來喫飯困來眠이라.

수만 권의 경전은 손가락질 같아서
손가락따라 하늘에 있는 달을 보지만,
달 지고 손가락 잊으면 아무 일도 없는 것이니
배 고프면 밥 먹고 졸리면 자는 것이다.

견지망월見指忘月이라.
진리眞理는 저 하늘의 달과 같고, 문자는 달을 가리키
는 손가락과 같다.
본질本質을 외면한 채 부분에 집착執着하여 세월만 보
낸다는 뜻이다.

무생법인無生法忍

『유마경』維摩經에 이르렀다.

일체법의 자성自性이 공空하여 그 자체의 고유한 성질을 가지고 있지 않기에 생멸 변화를 넘어 있음을 깨달아, 그 진리에 마음이 흔들리지 않는 것이 무생법인無生法忍이다.

즉 인연因緣의 이치理致에 다시 삿된 견해를 일으키지 않는다는 말이다. 본래 생生이 없는 도리道理를 깨닫고 단멸상斷滅相을 내지 않는 것이 무생법인의 경계이다.

육조 스님은 무생無生의 모든 법에 통달하여 능소심能所心 즉, 우리 마음속에 잠재되어 있는 주관적[能] 객관적[所] 측면에서 나와 상대를 분별하는 마음이 없는 인忍의 성취가 곧 지혜의 완성인 무생법인이라고 정의하였다.

진정한 무소유無所有

무소유는 소유所有의 개념槪念이 아니다. '거짓 나[我]'
의 집착執着에서 오는 모든 욕망慾望을 떠난 상태가
무소유이다. 더 나아가 무명無明이 소멸消滅되어 청정
한 법신法身이 드러난 경계가 진정한 무소유라 할 수
있다.

『금강경』에 이르기를,
응무소주이생기심應無所住而生其心이라.
"응당 머무는 바 없이 마음을 내라."고 하셨다.

중생심衆生心인 망심妄心과 식심識心이 오온개공五蘊皆
空임을 바로 보고, 상대성相對性인 '나'를 떠난 무아無
我에서 행행하는 자비심慈悲心이 '이생기심而生其心'이
다.

천지여아동근天地如我同根
만물여아동체萬物如我同體라.

천지우주가 일심一心인 너와 나를 떠난 절대성絕對性
에서 행하는 보시布施는 결국 남이 아닌 자기가 자기
에게 주는 것이나 다름없다.
이것이 진정한 무소유無所有이며, 머무는 바 없이 마
음을 내는 것이다.

묘음동지妙音動地

함허(涵虛得通, 1376-1433) 스님 『금강경오가해』에서 이르길,

아가문我迦文 득저일착자得這一着子
보관중생普觀衆生 동품이미同稟而迷
환왈기재歡日奇哉 향생사해중向生死海中
가무저선駕無底船 취무공적吹無孔笛
묘음동지妙音動地 법해만천法海漫天
어시於是 롱애진성聾騃盡醒 고고실윤枯槁悉潤
대지함생大地含生 각득기소各得其所라.

우리 석가모니 부처님께서 이 한 물건을 얻으시고
모든 중생들이 다 같이 구족具足되어 있으나
알지 못함을 널리 살피시고,
탄식하시며, 생사의 바닷속을 향해서

밑 없는 배를 저으시고 구멍 없는 피리를 부시니,
묘음妙音이 천지를 진동하고
묘법妙法의 바다가 하늘에 가득하도다.
이에 귀먹고 어리석은 범부들이 모두 깨어나고,
마른 나무들이 윤택하게 되며,
대지의 모든 생명들이 다 같이 소생하게 되었다.

⇒ 향곡(香谷, 1912-1978) 스님 열반송涅槃頌에 이르길,

석인영상취옥적石人嶺上吹玉笛
목녀계변역작무木女溪邊亦作舞
위음나반진일보威音那畔進一步
역겁불매상수용歷劫不昧常受用이라.

석인은 고갯마루에서 옥피리를 불고
나무 여인은 개울가에서 춤을 추네.
위음왕불 이전으로 한 걸음 나아가니
역겁歷劫에 매매하지 않고 영원히 밝고 밝아 언제나 수용
하리.

위음왕불 이전의 별천지 오막살이[참=是]는 모든 망심과 집착이 떨어져 나간 순수한 무소유, 상락아정常樂我淨인 내 고향이다.

묘음妙音이 동지動地하여 바람이 불면 돌옷을 입은 석인이 자동적으로 피리를 불고 나무옷을 입은 목녀가 춤을 추는 것이다.

불립문자不立文字

⇒ 마음 밖 육진 경계로부터 내 안의 자성불自性佛로 회향廻向하는 것이 무위無爲이다.
중생은 색경계色境界를 따라 끊임없이 끌려가는 꿈의 세계에 살고 있지만 참 성품은 듣고 보아도 매달아 놓지 않고 여여如如한 그대로이다.

⇒ 무위법無爲法
번뇌煩惱와 망상妄想이라는 분별적分別的 사유思惟가 끊어진 뒤에도 분별分別하지 않으면서 여실如實하고 명백明白하게 인식주관認識主觀에 드러나는 인식 현상이다.
무위無爲는 중생과 같이 회론回論을 일으키는 연기緣起의 행행行의 작용이 없는 것이다.

⇒ 무분별지無分別智
사물의 본성本性을 **이뭣고**로 꿰뚫어 봄으로써 얻어지는 지혜智慧이다.

불법의 최고인 진여지혜眞如智慧는 언어나 문자로 분별分別하고 헤아려서 얻어지는 것이 아니므로 무분별지라 한다.

⇒ 반야지혜般若智慧

반야는 일체법의 자성自性이 공적空寂함을 증험하고, 그 실상實相을 **이뭣고**로 직관直觀하여 진여眞如를 체득體得하는 지혜智慧이며, 일체의 사량분별思量分別이 없는 불심의 지혜이다.

⇒ 반야바라밀은 모든 보살이 초발심에서 일체 만법의 참된 모습[제법실상諸法實相]을 **이뭣고** 수행으로 깨달아 아는 지혜이다.

『대지도론』에서는 반야를 실상實相 · 관조觀照 · 문자文字반야로 구분하고 있다. 실상實相은 반야의 본체로서 사람들이 본래 구족具足하고 있는 불심佛心이고, 관조觀照는 일체의 번뇌煩惱 망념妄念을 타파하는 불심의 지혜광명이고, 문자반야는 이러한 지혜의 이치

를 언어 문자로 표현하여 반야를 체득體得하도록 하
는 경전의 가르침을 뜻한다. 문자반야는 방편반야라
고도 한다.

선정삼매禪定三昧

육근六根이 경계境界를 대하여도 마음이 의식意識에 반영된 대상對象을 따르지 않는 것을 선정禪定이라 한다.

『종경론』宗鏡錄 45권에 이르렀다.
"선정禪定은 자심自心의 본체요, 지혜는 자심의 작용이다."
선정이 곧 지혜이기 때문에 본체는 작용을 떠나지 않고, 지혜가 곧 선정이기 때문에 작용이 본체를 여의지 않는다는 것이다.

이뭣고로 본체와 작용을 직관直觀하는 것이 참선수행의 요체이다.

『금강명경』에 이르길,

"부처의 참된 법신은 허공과 같다. 사물에 응하여 형체를 나타내는 것이 물속에 비친 달과 같다." 하였다.

⇒ 일행삼매一行三昧
삼매는 산스크리트어 사마디samadhi를 음차한 용어로, 마음이 망상妄想에서 벗어난 평온한 상태를 말한다.

일상 속에서 생동하는 대상과 하나 되는 마음이며, 시是와 즉即하는 마음이며, 내가 하는 모든 일과 하나 되는 마음이며, 가거나 머물거나 앉거나 눕거나 항상 **이뭣고**로 직심直心을 행하는 마음이다.

『유마경』에 이르길,
"직심直心이 도량道場이요 정토淨土"라고 하였다. 오직 **이뭣고**로 직심直心을 행行하여 일체법一切法에 집착執着하지 않는 것을 일행삼매라 한다.

한 생각 번뇌煩惱를 다스려라

번뇌煩惱는 전생에 지은 업業에서 재연再演되는 한 생각이다. 앞생각이 미迷하면 범부凡夫이나 뒷생각에 깨치면 곧 부처이고, 앞생각이 경계에 집착執着할 때는 번뇌煩惱이나 뒷생각이 경계를 여의면 곧 보리菩提이다.

⇒ 자성번뇌自性煩惱도 뿌리가 있어서 일어나는 것이 아니다. 중생이 미迷해서 뿌리 없이 일어나는 한 생각으로 인因해서 조작造作된 일시적인 성품이다.

⇒ '소리'라는 것도 귀에 왔다가 잠시 머물다 사라지는 것이다. 다만 내가 잡아 두고 있기에 온갖 감정들을 만들고 평생을 함께 동고동락同苦同樂하기에 업業을 이루고 윤회의 주체가 되는 것이다.

이때 그 생각의 뿌리를 뽑아 업장業障을 소멸하고 삶

속에서 전생을 재현하지 않는 유일한 수행이 **이뭣고**
이다.

⇒ 제22조 마나라 존자가 이르되,

심수만경전心隨萬境轉 전처실능유轉處悉能幽
수류인득성隨流認得性 무희역무우無喜亦無憂라.

마음이 만 가지 경계를 따라 일어나지만
굴러가는 곳마다 그윽하여라.
천만 번 흘러가도 보는 성품性品이 경계에 끌려가지
않고 여여如如하면
기쁨이나 근심에서 벗어나리.

그러나 중생은 육근六根의 접촉을 통한 식識 작용으로
인해, 밖의 경계境界를 인식하여 자기 자신 안으로 가
지고 들어와 의식意識에 쌓아 놓는다.
이때 **이뭣고**를 놓치고 여여如如하지 못하면, 자신이 소유
하게 되고, 현재 의식이 되며, 윤회의 주체인 업業이 되
어 쌓이게 되는 것이다.

⇒『인왕반야경』「관용품」은 일찰나一刹那에 900번의 생멸이 있다고 말씀한다. 이를 『구사론』의 계산으로 환산하면 0.013초에 한 번씩 생멸이 있는 것이다.

선禪에서는 시공을 초월한 찰나刹那가 이뭣고[是]이고 현재의 행복이며 생사가 없는 상락아정常樂我淨이다. 그러나 중생은 지나간 과거와 아직 오지 않은 미래의 두려움 속에 찰나刹那를 놓치고 허망하게 살아가고 있다.

⇒ 수많은 생각이 나[假我]를 만들지만 중생은 경계 속에서 어느 것이 나인지도 모르고 살아간다. '나'라는 것은 생각으로 만들어낸 것이기 때문에 어디에도 존재하지 않는다. 하지만 그 한 생각이 생사윤회의 연결고리가 되는 것이다.

⇒ 나의 생각과 상대의 생각은 전생에 각자가 지은 업業에서 나오는 것이기 때문에 사람마다 다를 수밖에 없다. 따라서 상대방에 대한 시기, 질투, 분노나 자기 자신의 초조, 불안, 근심 걱정은 생각으로 억누른다고

소멸되지 않는다.

오로지 그 한 생각을 찰나에 알아차리고[싸띠] **이뭣고**
용광로 속에 넣어 그 뿌리를 즉시 녹여버릴 때, 묵은
업장이 소멸됨은 물론 서로의 생각도 원점原點에서
다툼이 사라진 하나, 즉 일심一心이 되는 것이다.

⇒ 세간世間은 환화幻化이며 일체一切는 무상無常한 객
진客塵이다. 오직 태허공太虛空의 체體만 있으니 그 자
리에는 형색形色과 소리를 두지 못하며 티끌만한 한
법法도 세울 수 없다.

깨닫고 보면 윤회輪廻와 업業, 무명無明도 공空한 허깨
비이다. 본래 없는 것에 매어 있으니 우리의 삶이란
것도 역시 허깨비 놀음인 것이다.

⇒ 중생의 한 생각 분별分別은 항상 집착執着을 수반
한다.
정법훈습淨法薰習은 진여眞如가 무명無明을 이겨 훈습
하는 것이고, 염법染法[妄心]훈습은 무명이 진여眞如를

눌러 발생하는 것이다.

우리의 뇌腦에 저장된 기억記憶들이 생로병사生老病死
의 모든 고통苦痛의 원인이 된다.
나라는 존재가 있기 때문에 삶, 죽음, 두려움, 공포
등의 고통이 따르게 되는 것이다. 마음[識心] 또한 본
래 있는 것이 아니라 장식藏識에 저장된 기억 속의 한
생각이다.

⇒ 모든 것이 한 생각 마음따라 변함을 깨쳤다면 그
는 부처를 본 사람이다.
산하대지 온 우주법계宇宙法界가 그대로 부처이며, 그
대로가 법신불法身佛이며, 중생의 마음이 그대로 부처
이다.

⇒ 한 생각 번뇌 망상은 거울에 묻어 있는 때의 흔적
과 같다. 이 때가 제거되어야 비로소 생사生死가 없는
경지에 이르게 되는 것이다.

야보도천(冶父道川, 송대) 스님 이르길,

"당당한 대도大道는 대단히 밝고 분명하여 사람마다 본래 구족具足해 있고 원만히 이루어져 있지만, 다만 한 생각[찰나에 900번 생멸]으로 인困하여 만 가지 모양을 나타낸다."고 했다.

전생에 쌓아 놓은 업業 창고에서 자동적으로 흘러나오는 한 생각의 뿌리를 **이뭣고**로 뽑아 버리지 못하고 경계에 끌려다니는 것이 중생의 허물이다.

⇒ 중생이 식심識心으로 구분하는 것은 모두 전도몽상顚倒夢想이다. 그러나 혜안慧眼으로 보면 '있다/없다'[有無]를 떠난 반야지혜般若智慧의 자리이다.

마음을 떠난 일체의 상相은 무자성無自性의 연생법緣生法이어서, 생멸生滅이 있고 무상無常한 것이다.

⇒ 생각과 지혜智慧
「흥부전」을 보면, 흥부가 밥주걱에 뺨을 맞고 뺨에 붙은 밥풀을 먹으며 가난하게 살면서도, 추녀 밑에 떨어진 제비의 부러진 다리를 지극정성으로 보살펴

주고, 그 제비가 박씨를 물고 와 흥부에게 보답한다.
이렇듯 삶에서 대박이 나게 하는 것이 지혜이다.
반면 제비의 다리를 고의로 부러뜨려 치료해 주며 대
박을 바라는 놀부의 조작造作되고 비틀어진 마음이 생
각이다.

⇒ 한 생각 망심妄心
우리의 뇌腦에 저장된 전생의 기억記憶들이 생로병사
生老病死의 모든 고통苦痛의 원인이 된다. 나라는 존재
가 있기 때문에 삶과 죽음, 두려움과 공포 등의 고통
이 따르게 되는 것이다. 모든 것은 마음따라 변하니,
이것을 깨치면 그 사람은 부처를 본다.

산하대지 온 우주법계宇宙法界가 그대로 부처이며, 그
대로가 법신불法身佛이며, 중생의 마음이 그대로 부
처인 것이다.

⇒ 백장(百丈懷海, 749-814) 스님 송頌하길,

영광독로靈光獨露 형탈근진逈脫根塵

체로진상體露眞相 불구문자不拘文字
진성무염眞性無染 본자원성本自圓成
단리망연但離妄緣 즉여여불卽如如佛이라.

신령스러운 빛 홀로 드러나
근진根塵을 멀리 털어내어
본체가 밝게 드러나니
참모습은 문자에 구애를 받지 않네.
참 성품은 본래 물들지 않아
절로 원만하게 이루어져 있으니
한 생각 망연妄緣만 여의면
그대로 여여如如한 부처라네.

⇒「신심명」信心銘에 이르길,

일념불생만법무구一念不生萬法無垢
무구무법불생불멸無垢無法不生不滅이라.

한 생각이 나지 않으면 만법에 허물이 없고,
마음이 오염[妄心]에서 벗어나면 법도 없고 마음 또한

없는 것이다.

일념一念 속에 우주 전체가 들어있다고 했다.

아무리 훌륭한 것이라도 일념 속의 일이며 일념 속에 살고 있기 때문이다.

⇒ 달마대사達磨大師 이르길,

외식제연外息諸緣 내심무천內心無喘
심여장벽心如墙壁 가이입도可以入道라.

밖으로 모든 인연을 쉬고 안으로 마음이 헐떡이지 아니하며, 마음이 장벽과 같아야 도道에 들 수 있느니라.

한 생각도 일어나지 아니하고, 반연攀緣이 순식간에 쉬어 목석과 장벽 같은 무심지에 들면 구경각究竟覺을 성취할 수 있다는 말씀이다.

⇒ 한 생각 반연심攀緣心

'한 생각'이란 환화공신幻化空身인 사대四大[地水火風]를 집착執着해서 자기로 삼고 반연심攀緣心을 의지해서 일어나는 생각이다.

여기에서 '반연심攀緣心'이란 안으로는 의식意識이 전생의 기억記憶과 관련되어 생겨나는 생각, 기분, 감정이고, 밖으로는 외부의 육진 경계에 끄달려 반응反應하는 의식 작용이다.

⇒ 여파도의수如波濤依水

전5식이 외부 사물을 접촉하면 제6식이 그것을 인식하고 분별하는 데, 제8아뢰야식에 저장된 업종자인 한 생각이 마치 파도가 바닷물에 의지해서 일어나는 것과 같이, '거짓 나'인 제7식이 제8아뢰야식의 업종자에 의지하여 자기의 전생前生을 재연再演하고 있는 것이 중생의 삶이다.

⇒ 잠복 상태에 있는 제8아뢰야식의 업종자業種子[아타나]가 제7말나식의 한 생각으로 의식意識에 떠오르면 탐욕·분노·고락·선악 등으로 생활 속에서 재연再演하는 것이다.

⇒ 불법佛法을 배운다는 것은 우리가 알고 있는 모든

것들이 모두 생각이고 관념觀念이며 식識이라는 것을 깨닫는 것이다.

⇒ 좋고 싫고 옳고 그름이 모두 허깨비 망상妄想이고 업장業障의 그림자일 뿐이다. 즉 한 생각이 주객전도 主客顚倒 되어 주인 노릇 하는 것을 **이뭣고**로 막고 당당한 부처로 사는 것이 참된 수행이다.

⇒ 모든 생각은 감각기관에서 받아들인 외부 대상에 대한 인식認識과 다생겁래多生劫來 살아오는 동안 쌓아 놓은 지식과 전생부터 제8아뢰야식에 축적된 업식 業識을 근본根本으로 한다.

⇒ 한 생각인 분별심에서 나오는 세상사 시시비비是 是非非는 상대의 마음을 나의 마음[전생업식] 쓰듯이 하려는 데서 일어나는 것이다.

⇒ 내 생각과 너의 생각 모두가 자기가 전생에 지어서 장식藏識에 쌓아 놓은 업식業識에서 비롯한다. 한 생각은 서로 다른 분별심이 표출되는 것이기 때문에

모두가 다툼으로 이어져 전생을 재연하게 된다.

이 끝없는 시시비비是是非非를 즉시 알아차리고[싸띠] 한 생각 뿌리를 뽑아버리는 유일한 금강보검이 **이뭣고**이다.

⇒ 인간은 원한怨恨이라는 이름으로 마음속에서 키운 보이지 않는 한 생각의 암 덩어리를 간직하고 살아간다. 이 한 생각을 **이뭣고**로 소멸시키지 못하고 세세생생世世生生 짊어지고 다니면서 윤회를 거듭하는 것이다.

⇒ 한 생각 분별심分別心

모든 사물과 존재存在의 본질本質을 보지 못하고 겉모습에 매달려 판단判斷, 사유思惟, 추론追論하는 의식작용이 분별심이다.

분별分別하지 않고 보는 지혜智慧가 상즉相卽인 **이뭣고**이다.

⇒ 확연무성廓然無聲

양 무제가 달마 스님에게 물었다.

여하시성제제일의如何是聖諦第一義잇고?

"어떤 것이 절대적인 진리眞理의 성스러운 뜻입니까?"
확연무성廓然無聲이라.
"텅 비어서 성스러울 것이 없습니다." 하였다.

범부凡夫와 성인聖人, 부처와 중생, 유무有無, 선악善惡, 옳고 그름[是非]의 한 생각 분별심分別心을 완전히 깨트려 버리는 중도中道를 설하신 것이다.

⇒ 서산대사西山大師 임종게臨終偈에 이르길,

천계만사량千計萬思量 홍로일점설紅爐一點雪
니우수상행泥牛水上行 대지허공열大地虛空裂이라.

세속적인 천만千萬 가지 한 생각 사량 분별의 대립과 갈등은 붉게 타고 있는 용광로 속에 떨어지는 한 송이 눈과 같은 데, 허망한 진흙으로 만든 소 한 마리가 물속을 걸어간다.
그리하여 **이뭣고**의 밝은 지혜의 문이 열려 일체 선입견先入見과 망상妄想이 소멸消滅된 경지에 이르니, 대지와

허공이 하나 되고 시공時空을 초월한 막힘 없고 걸림이 없는 자유자재한 진여실상眞如實相을 드러낸다.

⇒ 금강부동지金剛不動智
원효 스님이 자재암(동두천 자재암)의 폭포수에서 목욕을 하고 있을 때였다. 한 여인이 옷을 벗어던지고 폭포 속으로 들어왔다.
"스님, 저도 목욕을 좀 해야겠어요."
곁으로 다가오는 여인을 보자 강한 욕망이 일기도 했다. 하지만 스님은 욕망을 억누르며 눈을 부릅떴다.
"나를 유혹해서 어쩌자는 것이냐?"
그러자 여인이 말했다.
"호호호 … 스님도, 어디 제가 스님을 유혹합니까? 스님이 저를 색안色眼으로 보시는 것이지요."

젊은 여인으로 화현化現한 관세음보살이 원효 스님을 깨우쳤다는 설화이다.
여여如如한 금강부동지金剛不動智를 성취成取하기 위해서는 이렇듯 육진경계六塵境界로부터 떠나야 하는 것이다.

⇒ 무념무상無念無想

온갖 생각이 일어나는 바로 그 자리에서 생각 없음을 이루는 것이 무념무상이다. 보는 자와 보이는 것이 모두 마음에서 비롯되며, 듣는 자와 들리는 것 모두가 자기 성품性品에서 나온다.

그럴 때 항상 배후에 존재하는 거대한 침묵, 깨지지 않는 고요가 출입이 없는 선정禪定이다. **이뭣고** 삼매三昧가 항상 밝아 있으니 원각圓覺 그 자체自體이다.

⇒ 무심無心이란, 모든 것을 놓아버려 다시는 한 생각, 한 분별, 한 집착도 일으키지 아니하는 상태이다. 이러한 경계에 이르렀을 때를 무심도인無心道人이라 한다.

왜, 시심마是甚麼 이뭣고인가?

화두는 관觀하는 것이지 견見하는 것이 아니다.
견見은 육안肉眼과 업식業識으로 보는 것이고, 관觀은
심안心眼으로 날숨에서 이[是]를 비춰보는 것이다. 이
는 중도中道를 꿰뚫어 보는 것이다. 아상我相을 보는
것이 아니고 무아無我를 보는 것이다.

이뭣고 — "이 몸뚱이를 끌고 다니는 이것이 무엇인
고?"에서 초점을 '무엇'이 아닌 '이[是]'에 맞추어야
진정한 실상實相과 주인자리가 드러난다. 바깥에서
자성自性자리로 환지본처還地本處 하게 되는 것이다.

⇒ 간화看話란 이[是]를 관觀한다는 뜻으로, 생활 속에
서 방심放心하는 순간을 틈타 바로 비집고 들어오는
온갖 상념想念들을 쳐내는 유일한 방법이다

또한 화두 **이뭣고**는 순간적으로 떠오르는 한 생각의 뿌리를 뽑아 업장業障을 소멸시켜 금생에 생사 해탈을 이루게 하는 절대절명의 무기인 금강보검이다.

⇒ 직관直觀 **이뭣고**

불교에서의 견성見性은 인간 마음의 근원적根源的 활동성인 공적영지空寂靈智를 사유思惟가 아닌 직관直觀할 때 다다를 수 있는 경계이다.

인식認識의 틀에서 벗어난 그 자리[是]인 자기면목自己面目을 **이뭣고**로 바로 보는 직관이 불법의 근본 요소要素이다.

⇒ 타성일편打成一片

생각이 없어 너도 없고 나도 없는, 즉 주관主觀과 객관客觀이 사라진 무無의 경지가 타성일편이다. 한 생각 분별分別 망심妄心을 소멸시키면 불성佛性이 환히 드러나니, 이것을 타성일편이라 한다.

화두 시심마是甚麼의 시是를 직관直觀해 나가다 보면

관하는 '시是'와 '나'가 즉即이 되어 업장業障이 완전히 소멸된 상태에 이르는 데 이것이 타성일편이다.

⇒ 참선參禪은 처음 마음을 낼 때 곧바로 스스로 본 마음이 부처임을 굳게 믿어야 한다. 그리고 한 생각의 기틀을 돌려 금생성불의 원력으로 화두 **이뭣고**를 실참 수행함으로써 영겁의 업장業障 무명無明이 얼음 녹듯이 곧바로 사라지게 하는 것이다.

⇒ **이뭣고**의 '이[是]'는 찾는다고 만날 수 있는 자리가 아니다. 그것은 마치 눈으로 눈을 찾으려는 것과 같다.

부처님께서는 연꽃 한 송이를 보이셨고,
조주 스님은 달마조사가 서쪽에서 오신 뜻을 물으니,
"뜰 앞에 잣나무" [정전백수자庭前栢樹子]라는 멋있는 답으로 말문을 닫게 만들었다.

이것이 말의 한계이며, 이 한계를 넘어선 것이 화두 話頭 **이뭣고**이다. 즉 조주 스님의 대답이 나오기 전의 그 마음자리가 화두인 것이다. 그 자리는 나오고 들어가는 자리가 아니기 때문에 진공묘유眞空妙有이며, 언어와 문자를 떠난 자리이기에 유일하게 드러낼 수 있는 수단이 오직 **이뭣고**의 '시是'일 뿐이다.

⇒ **이뭣고**는 제불 보살의 불모佛母로서 반야 지혜를 살려 쓰는 대활구大活句이니, 시是는 일체 만법을 들이고 내는 당처當處이다. 시是에는 부처님의 불가사의不可思議한 암호밀령이 다 들어 있고 부처님의 지혜와 복덕이 구족具足되어 있다.

수천 전생부터 지어온 업장과 번뇌 망상을 모두 녹여주는 용광로이기에, 밖으로 불보살의 명호名號를 빌리지 않아도 자동적으로 아플 땐 약사여래불이 되고, 소원을 이루고자 하면 관세음보살이 되어 준다.

⇒ 참선은 알고 있는 분별의 세계를 떠나 오직 모르고 모를 뿐인 무분별지無分別智에서 시작한다.

대혜종고 선사의 **이뭣고**도 '오직 모르고 모를 뿐'에서 비롯되는 데, 이는 **이뭣고**가 우주와 인간에 대한 실존의 문제임을 보여준다. 깨침의 본질인 본래면목本來面目은 사유思惟가 아닌 **이뭣고**의 직관을 통하여 체득되는 것이다.

⇒ **이뭣고** 하는 것은 마음속에 있는 마구니와 치열한 전쟁을 하는 것이다.
일체 불안과 시비是非, 속박束縛에서 벗어나 가장 자유롭고 존귀하고 행복하게 되는 길이니 만법의 왕王이 되는 수행법이다. **이뭣고**는 성불成佛의 방문을 열고 들어가는 문고리와 같은 것이다

⇒ 화두 **이뭣고**는 생각과 언어가 끊어져 뚫을 수 없는 은산철벽銀山鐵壁 너머에 있는 우주와 내가 하나 되는 수행법이다.

동서東西가 사라진 정토淨土, 바로 그 자리[是]인 것이니, 얼굴을 남쪽으로 돌려도 북두칠성을 볼 수 있는, 걸림이 없는 처무애處無碍다.
이 자리는 자타의 간격이 없어 부처님이 계시는 영산

회상靈山會上이며, 폭포수를 따라 거슬러 올라가 정점頂點에 이르면 그대로 부처와 내가 하나 되는 '시是'의 자리이다.

⇒ 신념信念 **이뭣고**는 평범한 사고의 에너지를 영적靈的 수준으로 변화시키는 불가사의한 기적奇蹟의 원천이며, 우주의 무한한 진리眞理와 하나 되는 유일한 통로로 들어가는 길잡이이다.

서양에서는 영적 세계와 합일合一된 정신세계를 말할 때 엑스터시ecstasy라 한다. 즉 정신과 육체를 속박束縛하는 고통 속에서 의식意識의 정화를 이룬 상태를 말한다.
그것은 마치 백 척이나 되는 절벽에서 한 발을 내디딤으로써 욕망과 아집我執을 벗어던지고 진정한 나[是]와 하나 되는 경지이다.

백척간두진일보百尺竿頭進一步
시방세계현전신十方世界現全身이라.

백 척이나 되는 장대 끝에 올라갔으면 **이뭣고**로 허상虛相인 몸뚱이에 집착하지 말고 한 걸음 더 나아가라. 그러면 그 자리는 발걸음을 떼어도 떼지 않고 본 고향인 '시是'에 이르는 유일한 길이 된다는 말이다.

⇒ 경허 스님 「참선곡」에서 노래하길,

홀연히 생각하니 도시몽중都是夢中이로다.
천만고 영웅호걸 북망산 무덤이요
부귀 문장 쓸데없다 황천객을 면할쏘냐.
오호라 이내 몸이 풀 끝에 이슬이요
바람 속에 등불이라.
삼계 대사三界大師 부처님이 정녕히 이르사대,
마음 깨쳐 성불하여 생사윤회 영단永斷하고
불생불멸不生不滅 저 국토에
상락아정常樂我淨 무위도無爲道를
사람마다 다할 줄로 팔만장교八萬藏敎 유전遺傳이라.
사람 되어 못 닦으면 다시 공부 어려우니
나도 어서 닦아 보세.
닦는 길을 말하려면 허다히 많건마는

대강 추려 적어 보세.

앉고 서고 보고 듣고

착의끽반着衣喫飯 대인접화對人接話

(밥을 먹고 옷을 입고, 사람 만나 대화하고)

일체처一切處 일체시一切時에

소소영영昭昭靈靈 지각하는 이것이 무엇인고?

즉, **이뭣고!** 하셨다.

⇒ 만공滿空 스님 「참선요지」參禪要旨에 이르길,

참선參禪이란 명심견성明心見性이라.

참선이란 마음을 밝히고 성품을 보는 것이다.

자기의 본래면목本來面目을 참구하여, 명오자심철견본성明悟自心徹見本性이라. 밝게 자기의 마음을 깨닫고, 똑똑히 자기 본성을 본다는 말이다.

마음이 곧 부처이며 염불은 또한 관불觀佛이니, 이것은 곧 관심觀心이다. 즉 자기 성품의 부처를 관조觀照하는 것이다.

수행자가 육근六根을 거두어들여 한 생각이 일어나는 곳을 살피고, 화두 '시是'를 비추어 보면 생각을 떠난 청정한 자기의 마음에 도달할 수 있다는 것이다.

말은 마음을 따라서 일어나므로 마음은 이 말의 머리요, 생각의 머리이다. 만법萬法이 다 마음에서 비롯되므로 마음은 만법의 머리이다. 즉 한 생각도 생기기 이전에 화두는 이미 이루어져 있다.

⇒ 전강 스님의 **이뭣고**
"그저 **이뭣고** 알 수 없는 놈 하나면 그만이여. 밥 먹고 옷 입고 오고 가는 소소영영昭昭靈靈한 주인공, 이것이 도대체 무슨 물건이냐? 알 수 없거늘, 제가 무슨 이치理致를 붙여서 죽이지 말고, 대답하려고 애쓰지 말고, 알 수 없는 그 놈 하나 **이뭣고**를 가지고 비비고 들어가라."고 하셨다.

⇒ 혜암 스님의 화두 드는 법
"내가 망상妄想을 제거하는 비법을 가르쳐 주겠소. 한 생각을 일으키면 곧 망상인데, 사람이 어찌 생각을 일으키지 않을 수 있겠소? 생각이 일어나면 그것에 끌려가지 말고, '네 이놈! 이제껏 너를 따라다녀 내가

이 모양이 되었으니, 이제부터 네 말 안 듣고 화두만 들란다' 하고, 오로지 **이뭣고**만 하시오. 그것이 살 길이오." 하셨다.

⇒ 성철 스님의 **이뭣고**

"우리가 법회 할 때 '이것이 무엇인고?' **이뭣고**를 부지런히 해서 이것을 깨쳐야만 무여열반無餘涅槃을 성취하는 것이다 그 말이여! 밥 얘기만 하지 말고 실지로 배부르게 밥을 먹으려면, 실천해야 한다 말이여. 법문 시작할 때부터 끝까지 **이뭣고**를 항상 놓치지 않아야 한다. 그렇지 않으면 산송장에다 단청하는 꼴이 된다 그 말이라." 하셨다.

⇒ 한암 스님의 참선

"꼭 부처님 앞에서 참선해야만 되는 것이 아니다. 생활 속에서 직장에서 사무를 보거나 어느 곳에서 일을 하든 복잡한 가운데서 득력得力하는 것이 고요한 곳에서 좌선坐禪하는 것보다 10만 배나 더 힘을 얻는 것이다." 하셨다.

달마대사達磨大師의 관심론觀心論

제2조 혜가 스님이 여쭈었다.
"불도佛道를 얻고자 하려면, 어떤 법法을 수행하는 것이 가장 간결하고 요긴하겠습니까?"
달마 스님 답하길,

관심일법觀心一法 총섭제행總攝諸行이라.

"오직 마음을 관觀하는 한 법이 모든 행을 다 포섭包攝하나니, 이 법이 가장 간결하고 요긴하다."
"어찌하여 온갖 법이 모든 행을 다 포섭한다고 하십니까?"

심자만법지근본야心者萬法之根本也
일체법유심소생一切法唯心所生이라.

"마음이란 온갖 법의 근본이요, 일체의 법은 오직 마음에서 일어난 것이다."
따라서 마음을 깨치면 만행을 다 갖추게 된다고 하셨다.

⇒「증도가」에 이르길,

직절근원불소인直截根源佛所印
적엽심지아불능摘葉尋枝我不能이라.

"근본 뿌리를 바로 뽑는 것은 부처님이 인가한 바요, 잎을 따고 가지를 꺾는 것은 내가 능하지 못함이로다."

일초직입여래지一超直入如來地라.
화두 참선은 어떤 사량분별도 허용하지 않는다. 언하에 곧장 진실을 드러내 보이는 참선 수행이 **이뭣고**이다.

송宋나라 적음寂音 존자는 선禪과 교敎를 회통한 스님이었다. 그런데, 용수보살이 용궁龍宮에서 가지고 왔다고 하여 용궁해장龍宮海藏이라 불리는 『화엄경』을 다

뒤져봐도 '뜰 앞의 잣나무'는 없더라고 했다.

일승 원교의 도리道理로는 선의 요지를 알 수 없다는 말이다. 이처럼 교외별전敎外別傳의 밀의密意는 문자나 언어가 아니라 마음과 마음으로 전하는 도리 외에는 아무도 모른다는 것이다.

⇒ 영명연수(永明延壽, 904-975) 스님 「보살게」 서문에서 이르길,

"육도만행을 닦아서 성불成佛한다는 것은 모두 밖으로 모양을 구求하는 일로서, 송장을 타고 바다를 건너간다는 것과 같다."고 했다.
자기의 마음을 깨치지 않고 밖으로만 구求해서는 금생성불이 불가능하다는 말이다.

⇒ 설두중현(雪竇重顯, 980-1052) 스님 송頌하기를,

일토횡신당고로一兎橫身當古路
창응재견변생금蒼應才見便生擒

후래엽견무영성後來獵犬無靈性
공향고춘구처심空向枯椿舊處尋이라.

한 마리 토끼가 다니던 길에 나타나자마자
날쌘 매가 날아와 산 채로 낚아 갔는데,
게으르고 미련한 사냥개 늦게 와서
공연히 마른나무 밑동만 찾아 헤매고 있네.

화두 **이뭣고**는 절차를 뛰어넘어 즉시 업장業障을 소멸시
켜 성불成佛로 이어지게 하는 날쌘 매가 되는 것이다.

선禪과 생사生死

⇒ 태어남의 원리原理와 생사生死

법성法性은 원적圓寂하여 본래 생멸生滅이 없건만 생념生念[한 생각]이 일어나므로 인因하여 마침내 생연生緣이 따르게 된다.

그러므로 하늘의 명命을 얻어 태어나지만, 천명天命이 세워지면 진공眞空에 있지 않고 전일前日의 생념生念이 굴러 의식意識이 된다.

의식意識 작용作用이 흩어지면 육근六根이 되고 육근六根이 각각 분별分別하는 가운데 총지휘자가 있으니, 이것을 마음[識心]이라 한다.

마음은 생각하는 데 있으니 진眞과 망妄이 함께 거처하는 곳이며, 범부와 성인의 기機가 한데 모이는 땅이다.

그래서 자신을 상대[境界]에게 빼앗긴 사람은 자기 소견所見에 집착하는 까닭에 윤회輪廻의 업業을 받고, 자신의 주관이 여여如如하고 확실하면 그 바탕이 항상 공空하여 만겁萬劫이 지나도 한결같으니 모두가 진심眞心의 묘妙한 작용을 이룬다.

「증도가」에 이르되,

자증인득조계로自證認得曹溪路
요지생사불상간了知生死不相干이라.

영가현각 스님이 육조혜능 스님을 찾아가 조계의 길[禪]을 통해 확실히 깨쳐 생사가 서로 관계 없음을 밝게 깨달았다는 것을 노래한 구절이다.
이와 같이 생사를 해탈한 자유자재한 무애경계無导境界를 증득證得하려면, 바다를 건너고 산을 넘어 스승을 찾는 위법망구爲法忘軀의 구도求道 정신을 갖추어야 한다.

⇒ 「증도가」에 이르되,

약실무생若實無生 무불생無不生이라.

만약 나는 것이 없다면 나지 않음이 없다.
즉, 나지 않는 것이 나는 것이고, 나는 것이 나지 않
는 것이라는 말이다.

일체 사량분별思量分別이 다 떨어져 무정물인 나무장
승과 돌여자처럼 대무심大無心이 되면, 나무장승이 말
을 하고 돌여자가 일어나 춤을 추는 경계의 소식이다.

진여眞如가 대기대용大機大用하는 것이니,
사중득활死中得活이라, 죽음 가운데서 삶을 얻고
대사각활大死却活이라, 크게 죽었다 다시 살아나니 진
공묘용眞空妙用이 현전한 것이다.

⇒ 일체법一切法에 사대오온四大五蘊이 공空한 경계를
증證하여 아我가 없는 도리道理를 알아 무생법인無生法
忍을 깨치면, 대적멸大寂滅 가운데 임의자재任意自在하
게 노니는 것을 수음탁隨飮啄이라 한다.

자유자재自由自在하여
기래끽반飢來喫飯 곤래면困來眠이라.

배고프면 먹고, 목마르면 마시고, 졸리면 자니 할 일
없는 도인道人의 일상생활이다.

⇒ 무생법인無生法忍이란,
일체의 현상에서 생겨남이 없음을 **이뭣고**로 관관觀하여
소멸消滅할 것이 없는 불생불멸의 공심空心을 깨닫는
것이다.

⇒ 고려 말 나옹화상의 누이가 지은 '부운浮雲'이라는
시에서 유래했다고 전하는 다음의 시를 보자.

공수래공수거空手來空手去 시인생是人生
생종하처래生從何處來 사향하처거死向下處去인고.
생야일편부운기生也一片浮雲起
사야일편부운멸死也一片浮雲滅
부운자체본무실浮雲自體本無實
생사거래역여연生死去來亦如然

독유일물상독로獨有一物常獨露
담연불수어생사湛然不隨於生死라.

빈손으로 왔다가 빈손으로 가는 것이 인생이다.
태어남은 어디에서 왔으며
죽은 후에는 어디로 가는가?
태어남은 한 조각 뜬구름이 일어나는 것이요
죽음이란 그 뜬구름이 사라지는 것인데,
뜬구름 자체는 실체가 없는 무상한 것이요
오고 가는 생사 역시 이와 같은 것이다.
그중 한 물건이 있어 항상 홀로 드러나
맑고 고요하여 생사를 따르지 않도다.

환회득담연저還會得湛然這 일물마一物麼라.

맑고 고요한 이 한 물건이 무엇인고?
이뭣고이다.

⇒ 전강田岡 스님의 생야시生也是 사야시死也是

생야시生也是라.

인간이 사대四大로 이루어진 몸뚱아리를 받아 가지고, 영靈[業身]이 몸뚱이 속에서 이 사대육신을 끌고 다니는 것을 생生이라 한다. 생生이 시是라는 것은, 본래 생사가 없다는 말이다.

사야시死也是라.

죽는 것도 시是라는 것은, 몸뚱이 이놈이 죽을 뿐 이 몸뚱이를 끌고 다니는 주인공主人公은 죽는 것이 없다. 독로獨露한 영靈의 본래자리는 그대로 시是이니 생사가 없다는 말이다.

결국 생生도 시是요, 사死도 시是이다.

두두頭頭가 비로毘盧이다. 이 세상의 물질로 된 모든 것들, 꽃이나 나무 등의 두두頭頭가 다 비로자나 부처라는 것은 그 본체本體가 곧 시是이고, 진리眞理란 말이다.

⇒ 보조(普照知訥. 1158-1210) 스님이 『진심직설』眞心直說에서 답했다.

"일찍이 들으니 견성見性한 사람은 생사를 초월한다 했습니다. 옛날의 모든 조사들은 다 견성한 사람이지만 생사가 있었고, 현재에도 세상의 수도하는 자라도 생사가 있는 데, 어떻게 생사를 벗어난다 할 수 있습니까?"

"생사란 본래 없는 것이나 분별력으로 있게 된 것이다. 눈병이 나서 허공 꽃을 볼 때, 허공에 꽃이 없다고 말해도 믿지 않다가, 눈병이 다 나아서 허공이 저절로 없어져야 비로소 꽃이 없다는 것을 믿게 된다.
그것은 단지 병자가 망령되이 집착하여 꽃이라 여긴 것일 뿐 그 본체가 있는 것은 아니다.
원각圓覺의 진심眞心을 깨달으면 본래 생사가 없는데, 이제 생사가 없음을 알고서도 생사를 벗어나지 못하는 것은 공부가 도달하지 못한 까닭이다.
또한 깨친 자는 자유자재하여 중생처럼 업식業識에 매매昧하지 아니한다."

⇒ 몽산법어夢山法語에 이르되,

염기염멸즉생사念起念滅卽生死라.

한 생각[分別心]이 일어나고 멸멸滅하는 속에 생사生死가
있다.

⇒「증도가」에 이르되,

증실상무인법證實相無人法 찰나멸각아비업刹那滅却阿鼻業
이라.

실상을 증득證得하여 인人과 법법法이 없으니 찰나에 아
비지옥의 업業을 없애 버림이라.

오온五蘊이나 탐진치貪嗔癡 삼독三毒은 거짓 모습[假我]
을 보이고, 불성이나 자성은 참모습[眞相]을 말한다.
실상實相을 증득證得하면 인人과 법法 즉 주관과 객관
이 사라지는 데 이는 중도中道 실상實相을 증득證得했
다는 것이다.

'아비'란 쉴 사이 없다는 뜻으로 무간지옥無間地獄을

말한다. 이는 특정한 곳을 정해서 아비지옥이라 하는 것이 아니라, 업보業報가 따라갈 때는 생각 생각이 서로 쉴 사이 없이 흐르므로 어느 곳에 있든지 때를 가리지 않고 중생세계 전체가 아비지옥이라는 것이다. 즉 한 생각이 전생의 업업業業을 재연再演하는 것이기 때문에 아비업阿鼻業이며 생사生死라 하는 것이다.

하지만 아비업도 찰나간에 없어져 버린다고 했다.

육조 스님이 이르길,

"미혹하면 여러 겁劫이 걸리고, 깨친 즉 찰나간이다."

고 하셨다.

선종禪宗에서도 돈오頓悟는 눈 깜짝할 사이에 여래지에 들어간다 하였다. 그 들어가는 열쇠가 **이뭣고**이다.

⇒ 중생衆生의 생사문제는 중생의 미망迷妄에서 비롯된다.

생사生死의 주체인 오온五蘊이 연기緣起 성공性空임을 증득證得하게 되면 생사의 유위법有爲法에 머물러 있으면서도 그 동정動靜에 집착執着하지 않게 되어, 생사를 벗어나는 것이다.

⇒ 『조당집』祖堂集 제4권 약산장에 전한다.

운암 스님이 병환으로 누워있으니, 도오 스님이 문병을 와서 물었다.
"이 육체를 버리고 어디서 또 만나야 할까요?"
"낳고 멸함이 없는 곳에서 만나야지요."
그러자 도오 스님이 말했다.
"불생불멸不生不滅하는 곳에서도 만나려고 하지 말아야지."

불성佛性은 불생불멸不生不滅이라는 경전의 말씀을 잘못 이해하고, 불생불멸하는 어떤 곳이 있다고 믿고 무엇인가를 구求하려고 하는 운암을 질책하고 있는 것이다. 그러한 마음이 중생의 한 생각인 생멸심生滅心인 것이다.

⇒ 대사각활大死却活이란
나[假我]를 죽이고 죽었던 나[眞我]를 살려 내는 것이다.
대저 참선 **이뭣고**를 하는 불자는 반드시 생사 속에서 다시 살아나는 대각大覺을 얻어야만 비로소 자재무애

自在無碍한 경지에 이르게 된다.

⇒ 육조혜능과 영가현각의 만남
영가 스님이 혜능 스님을 처음 찾았을 때의 일이다.
법석에 들어선 영가 스님이 절도 하지 않은 채 선상을
세 번 돌고 나서 육환장을 짚고 서 있으니, 혜능 스님이
물었다.
"대저 사문沙門은 삼천위의三千威儀와 팔만세행八萬細
行을 갖추어서 행동에 어긋남이 없어야 하거늘, 대덕
大德은 어디서 왔기에 도도하게 아만을 부리는가?"
혜능 스님이 짐짓 질책을 하자 영가 스님이 답했다.
"나고 죽는 일이 크며 무상無常은 신속합니다."
"어찌하여 생生이 없음을 체득하여 빠름이 없음을 요
달하지 못하는가?"
"체득한 즉 생生이 없고, 요달한 즉 빠름이 없습니
다."
이에 혜능 스님께서, "네 말과 내 말이 같다."고 인가
하니, 그때서야 예의를 갖추어 정중히 예배하고, 하
직인사를 드렸다.
그러자 혜능 스님이 물었다.

"왜 그리 빨리 돌아가려고 하느냐?"

"본래 스스로 움직이지 않거니 어찌 빠름이 있겠습니까?"

"누가 움직이지 않는 줄 아느냐?"

"스님께서 스스로 분별分別을 내십니다."

"네가 참으로 남이 없는 도리道理를 알았구나!"

"남이 없음에 어찌 뜻이 있겠습니까?"

"뜻이 없다면 누가 분별하느냐?"

"분별하여도 뜻이 아닙니다."

분별하여도 심心·의意·식識의 사량으로 분별하는 것이 아니라 진여대용眞如大用이라는 뜻이다. 그러자 혜능 스님이 선상에서 내려와 영가 스님의 등을 어루만지며 칭찬하였다.

"장하다, 손에 방패와 창을 들었구나. 하룻밤만 쉬어 가거라."

그리하여 영가 스님이 하룻밤 자고 떠나니, 스님을 가리켜 일숙각—宿覺이라 불렀다.

⇒ 꿈[夢]도 생사이다.

깨어있을 때에는 생각으로 헤매다가 잠잘 때에는 업신業身[靈魂]이 자기 몸을 나투어 육신肉身이 했던 행동을 재연再演하는 것이 꿈[夢]이다. 그러므로 우리의 삶은 전부 허망한 생각이며 생사 속에 있는 꿈이다.

⇒『금강경』「응화비진분應化非眞分」의 사구게

일체유위법一切有爲法 여몽환포영如夢幻泡影
여로역여전如露亦如電 응작여시관應作如是觀이라.

일체의 인연因緣 따라 일어나는 유위법인 모든 현상은 생사 속에서 일어나는 꿈 · 환상 · 물거품 · 그림자 같고, 이슬 · 번갯불과 같으니 마땅히 이와 같이 관할지어다.

안으로 일체의 희로애락喜怒哀樂의 유위심有爲心과 밖으로 색 · 성 · 향 · 미 · 촉 · 법의 모든 대상이 꿈과 같은 허망한 존재임을 관觀하라는 말씀이다. 그 생사의 꿈에서 벗어난 관법이 화두 **이뭣고**이다.

깨달음이란 무엇인가?

깨달음은 취사선택取捨選擇을 넘어 있는 것이다.
즉, 취사선택하는 자者가 없는 무아無我이다.
깨달음이 어려운 것은 내가 깨달으려 하기 때문이다.
선문답禪問答은 언하言下에 대오大悟하는 것이다.

예를 들어 집이 있다면 집 전체를 단박에 깨닫는 것
이다. 이와 달리 그 집을 누가 설계했고, 재료가 무엇
이고, 모양은 어떻고 등등을 설명해서 알아차리는 방
법을 교학적教學的이라 한다. 부처님께서도 집을 이해
하는 방법으로 중생의 근기에 맞춰서 8만 4천 법문을
설하셨다.

그러나 중도中道를 설하신 뜻은 '내가 누구인가?'를
깨우치게 하는 데 있다.

⇒ 선禪에서는 행위를 하는 주체도 오온의 연기현상으로 보기 때문에 윤회하는 주체가 없다.

업보業報는 있어도 행위자는 없는 것이다. 이를 알아차릴 때 몸과 마음의 작용을 나[我]로 보는 착각錯覺에서 빠져나올 수 있다.

⇒ 중생은 오온五蘊의 생멸生滅을 주체가 있는 것으로 본다. 그러나 아我가 공空임을 깨달으면 연기緣起를 깨닫게 되는 것이다.

⇒ 개체個體와 전체全體가 연기緣起로 작용하는 실제 모습[實相]은 지혜와 자비일 뿐이다. 그 실천행이 한 생각의 뿌리를 뽑아 행위의 주체인 업장業障을 생활 속에서 소멸시키는 수행 방법이 **이뭣고**이다.

⇒ 『원각경』圓覺經에 이르셨다.

"선남자여, 모든 여래如來의 묘妙하고 두루한 깨달음의 마음은 본래 보리菩提와 더불어 열반涅槃이 없느니라. 하물며 어찌 사유思惟하는 마음으로 여래의 두루

한 깨달음의 경계를 능히 헤아릴 수 있겠느냐? 그런 고로 일체一切의 모든 보살과 말세末世의 중생들은 먼저 무시이래의 윤회의 근본根本을 끊어야 하느니라.

선남자여, 유작사유有作思惟를 쫓아 마음이 일어난 것은, 모두가 다 육진六塵이며 허망虛妄한 생각으로 인한 망상연기妄想緣起이니, 사실은 마음의 본체本體가 아니니라. 이미 허공꽃과 같아서 이 사유思惟를 사용하여 부처님의 경계를 분별分別한다면 오히려 허공꽃이 다시 허공虛空에 열매를 맺는 것과 같으니라."

⇒ 선가禪家에서 증오證悟란 구경究竟을 바로 체득함을 말한다.

얼음이 본래 물인 줄을 알지만 아직 녹지 않고 얼음 그대로 있기에 물로 쓰지 못하듯이, 중생이 본래 부처인 줄은 분명히 알았지만 번뇌 망상이 남아있기에 중생 그대로인 것이다.

이때 중생이 부처인 줄 아는 것, 즉 견성見性을 해오解悟라 하고, 마치 얼음을 완전히 녹여서 물로 쓰듯이 중생의 번뇌 망상이 다 끊어진 구경각을 증오證悟라 한다.

⇒ 중생은 모양에 집착執着하여 마음 밖의 상相에서 부처를 구求하고자 한다. 따라서 구求하면 구할수록 더욱더 멀어진다. 부처가 부처를 찾거나, 마음을 가지고 마음을 붙잡고자 한다면, 수많은 시간이 지나고 이 몸이 다할지라도 끝내 얻을 수 없다.

일체 모든 형상形相을 이루는 바탕에는 항상 깨어 있는, 찾고자 하는 진불眞佛인 각성覺性이 있다. 이 성품은 관념觀念[생각, 견해]으로는 천년을 수행했어도 금생今生에 깨치기 어렵다.

이것을 깨치려 한다면 시방에 두루 가득하고 항상 깨어 있는 각성覺性의 뿌리인 시심마是甚麼 **이뭣고**와 생활 속에서 함께 하라.

⇒ 심부재언心不在焉 시이불견視而不見 청이불문聽而不聞이라.

삿된[妄心] 마음이 없으면 봐도 본 바가 없고, 들어도 들은 바가 없는 것이다.

참 마음은 사람의 본원本源이고 생명生命의 원천이다. 한 법도 만들어지기 이전의 본래 마음은 모양도 없고 방위와 처소도 없지만, 인연따라 온갖 작용을 베푼다.

영가현각 스님이 이르길,
"마음은 뿌리요 법法은 티끌이니 마치 거울에 묻어 있는 때의 흔적과 같다. 이 때가 제거되어야 깨달음인 생사 없는 경지에 이른다."고 하였다.

『대승기신론』大乘起信論에 이르길,

"깨달음의 의미는 마음의 본체가 번뇌煩惱 망념妄念을 여읜 것이며, 망념을 여읜 모양은 허공계와 같아서 두루하지 않는 곳이 없기에 법계의 한 모양[一相]이니, 이것이 여래의 평등 법신이다."고 했다.

『마조어록』 또한,

"번뇌에 얽혀 있을 때[중생심]는 여래장이며, 번뇌 망념을 벗어나면 청정법신이라 한다."고 했다.
이렇듯 법신法身은 깨달음의 지혜작용이다.

⇒ 불교에서의 깨달음은 인간 운명運命의 한계에 도전挑戰 하는 것이다. 견성성불見性成佛은 삶과 죽음이라는 분별경계를 넘어서서 무아無我가 본래불本來佛임을 깨닫는 것이다.

⇒ 제일구第一口

조주(趙州從諗, 778-897) 스님이 임제사臨濟寺를 방문하여 개울물에 발을 씻고 있을 때였다. 임제 스님이 다가와 물었다.
"어떤 것이 조사가 서쪽에서 오신 뜻입니까?"
"마침 노승이 발을 씻고 있는 중이니라."
이에 임제 스님이 가만히 조주 스님께 다가가서 귀를 기울이고 듣는 척하니, 조주 스님이 말했다.
"알면 바로 알 것이지, 되새김질해서 무엇 하려는고?"
그러자 임제 스님이 팔을 흔들며 돌아갔다.

제일구第一口에서 깨치면 부처와 조사의 스승이라 했고, 제이구에서 터득하면 인천의 스승이라 하였다.
듣고 바로 깨치면 제일구이며, 귀를 기울여 소[牛] 같이 되새김질하면 제이구이다.

⇒ 전신구轉身口

용성(龍城, 1864-1940) 스님과 전강(田岡, 1898-1975) 스님의 전신구轉身口 법法 거래이다.

전강 스님이 용성 스님께 여쭈었다.
"어떤 것이 제일구입니까?"
"전강아!"
"예."
"제일구를 마쳤느니라."
"허허허…."
전강 스님이 박장대소하자 용성 스님이 말했다.
"자네가 전신轉身을 못했네."
"전신구를 물으시지요."
"여하시 전신구인고?"

이에 전강 스님이 답했다.

낙하여고목제비落霞與孤鶩齊飛
추수공장천일색秋水共長天一色입니다.

"저녁노을은 따오기와 더불어 날고, 가을 냇물은 하늘과 함께 일색입니다." 하니, 용성 스님은 아무 말씀 없이 방장실로 들어갔다.

이환즉각離幻卽覺이라,
꿈을 여읜 제일구第一口에서 진성眞性과 하나 된 깨달음을 보이신 것이다.

⇒ 만공 스님과 수월 스님의 선문답

만공(滿空月面, 1871-1946) 스님이 천장암에서 수행할 때의 일이다.
수월 큰스님과 함께 공양을 하고 있는 데 스님이 갑자기 숭늉이 들어있는 물그릇을 들어 보이며 만공 스님에게 물었다.

"여보게 만공, 이 숭늉 그릇을 숭늉 그릇이라 하지도 말고, 숭늉 그릇이 아니라 하지도 말고 한마디로 똑 바로 일러 보게."

이에 만공 스님이 방문을 열어젖히더니 숭늉 그릇을 문밖으로 던져 버린 채 묵묵히 앉아 있었다.

그러자 수월 스님이 손뼉을 치며 말씀하셨다.

"참 잘하였소!"

선문답의 진수를 보이고 떠나신 것이다.

⇒ 운봉성수(雲峰性粹, 1889-1946) 스님이 혜월(慧月, 1861-1937) 스님을 찾아가 여쭈었다.

"삼세의 모든 부처님과 역대 조사는 지금 어느 곳에 안심입명安心立命하고 계십니까?"

혜월 스님이 입을 다물고 계시니[良久], 성수 스님께 서 냅다 옆구리를 한 대 치고 다시 여쭈었다.

"산 용龍이 어찌 해 죽은 물에 잠겨 있습니까?"

"그럼 너는 어찌 하겠느냐?"

이에 성수 스님이 불자拂子를 들어 보였다.

"아니다."

"스님, 기러기가 창밖을 난 지가 이미 오래입니다."

그러자 혜월 스님께서 한바탕 크게 웃으시더니 말씀하셨다.
"내, 너를 속일 수가 없구나!"

일체유위법一切有爲法 본무진실상本無眞實相
어상약무상於相若無相 즉명위견성即名爲見性이라.

"일체 유위법은 본래 진실된 모양이 없으니, 저 모양 가운데 실상이 없는 줄을 알면 곧 이름하여 견성見性이라 하니라."

그 자리에서 인가하고 호를 운봉雲峯으로 하여 전법게를 내리셨다.

⇒ 달구경
서당지장西堂地藏, 백장회해百丈懷海, 남전보원南泉普願이 마조(馬祖道一, 709-788) 스님을 모시고 달구경을 할 때였다. 마조 스님이 물었다.
"바로 이러한 때에는 어떠한가?"
서당이 답하길, "공양供養하기 좋습니다."

백장은, "수행修行하기 좋습니다." 하였다.

그러나 남전은 소매를 떨치고 바로 나가 버렸다.

이에 마조 스님이 말했다.

"경經은 지장에게 돌아가고, 선禪은 회해에게 돌아가는데, 오직 남전만이 경계境界를 벗어나 있구나."

경은 대장경 속에 들어간다는 말이고, 선禪은 바다로, 경계 밖은 허공성虛空性에 머물고 있음을 보여준 것이다.

⇒ 깨달음은 입을 열지 않아도 말하고, 입을 열어도 말한 바가 없는 허공성虛空性 바로 그것이다. 그렇다면 무엇이 허공성의 진아眞我를 바로 보지 못하게 하는가? 그것은 그대가 생각에 구속되어 분별심分別心을 벗어나지 못하고 있기 때문이다.

⇒ 깨달음은 밖으로 향하도록 맞춰진 생각의 초점을 되돌려 존재 자체의 근원根源인 **이뭣고**로 초점을 정확하게 맞춰 직관直觀할 때 다다를 수 있는 것이다.

⇒『벽암록』27칙에 전한다.

운문 스님에게 어떤 학인이 물었다.
수조엽락시여하樹调葉落時如何잇고?
"가을에 나무가 시들어 나뭇잎이 떨어졌을 때는 어떻습니까?"

체로금풍體露金風이라.

"금풍인 가을바람이 불어 무성했던 잎과 꽃들이 모두 떨어져 본래의 몸체인 기둥과 줄기만 남았다."

시절 인연따라 싹이 트고 꽃으로 온 산을 덮었던 나무 한 그루가 가을 저녁 찬바람에 발가벗은 나목으로 남는다.

생로병사生老病死의 연기緣起 윤회를 따라 이렇게 살다가 갈 것이냐? 아니면 금풍金風인 **이뭣고**로 아뇩다라삼먁삼보리의 금강 지혜를 증득證得해 무상한 나뭇잎 같은 무명無明을 여의고 우리의 진면목眞面目을 볼

것인가. 벌거벗은 나목裸木과 같은 공성空性의 실상實
相을 깨쳐, 일체고의 바다를 건너 생사 없는 열반의
언덕에 오를 것이냐?

"나뭇잎 하나가 허공에 떨어지니 진여眞如인 나목裸木
이 긴 꿈에서 깨어나는구나!"

육조 스님의 돈오사상頓悟思想

무념위종無念爲宗 무상위체無相爲體 무주위본無住爲本
이라.

무념無念이란 생각에서 생각하지 않는 것이다.
그렇다 하여 아무런 생각이 없다는 게 아니라, 생각
을 떠나지 않으면서 그 생각에 얽매이지 않고, 물들
지 않고, 집착하지 않는다는 것이다. 생각 속에 있으
면서 생각하지 않는 것이 무념이다. 무념은 지혜의
완성 곧 반야바라밀이다

무상無相이란 형상에서 형상을 떠난 것이다.
무상無相에서의 '상相'은 차별差別이라는 뜻이니, 이는
대립과 차별 속에 있으면서 어느 쪽에도 집착하지 않는
다는 것이다.

무주無住란 사람의 본래 성품이니, 온갖 생각이 머무르지 않는 것이다.

육조의 무념은 망상妄想이 다 없어진 불지무념佛地無念이며, 한 찰나에도 얽매이지 않아 속박이 없으니 무주를 근본으로 삼는다.

⇒ 무엇을 좌선이라 하는가?
밖으로 온갖 경계에 있어도 망상이 일어나지 않는 것을 '좌坐'라 하고, 안으로 흔들리지 않는 자신의 본성本性을 보는 것을 '선禪'이라 한다.
흔들리지 않는 본성을 보는 것이 견성見性이다.

육조가 개창한 남종선의 핵심은 계·정·혜 삼학이 갖춰져 있는 자신의 청정한 성품을 단박에 꿰뚫어 보아 깨닫는 돈오견성頓悟見性이다.
그러나 신수神秀의 북종선은 계·정·혜 삼학을 통해 점차적으로 깨쳐 나가는 점오漸悟이다.

돈오頓悟란 돈제망념頓除妄念 오무소득悟無所得이라.

찰나에 모든 망념妄念을 제거하는 것이고, 본래 원만히 갖춰져 있기 때문에 별도로 얻을 것이 없다는 것을 깨닫는 것이다

그 수행 방법이 생활 속에서의 **이뭣고**이다.

주인공으로 살아라

부처, 참나는 개념槪念이 아니다.
이름[名]이나 색色에 있는 것도 아니다.
그것은 '텅 빈 충만' 공적영지空寂靈智이다.

세상은 명색名色으로 존재하는 것이다. '나'라는 것도
이름과 모양일 뿐 실체가 없는 환幻이다.
식심識心과 망심妄心이 있기 때문에 나와 세상이 있는
것이다. 마음이 육진 경계에 머물러 끊어지지 않는
것은 중생이 미迷해서 생멸경계生滅境界인 상相에 머
물러 있기 때문이다.

이때 경계에 끌려가지 않고 **이뭣고**로 직관直觀하는 마
음이 자성청정심自性淸淨心이다.

⇒ 견성見性이란 삶과 죽음이라는 분별경계를 넘어

무아無我로서의 우주宇宙의 주인공主人公을 보는 것이다. 그 주인공이 진리의 본체本體인 본래불本來佛임을 깨닫는 것이다.

⇒ 우주 속에서 연기緣起 인연因緣으로 생성, 소멸하는 '나'의 진성眞性이 우주 전체인 동시에 주인공이라는 것이다. 우주 만물은 인드라망처럼 서로 연결되어 있기 때문에 독립된 존재란 있을 수 없다.

차유고피유此有故彼有라.

"이것이 있으므로 저것이 있다."
이것이 연기緣起의 진리眞理인 것이다.

청정법신淸淨法身이 우리의 불성佛性이다

진여문眞如門은 마음의 본성本性이니 본래 맑은 물과 같고, 생멸문生滅門은 마음[妄心]이 만든 현상이니 맑은 물의 속성을 가진 채 갖가지 음료수 등으로 변하는 현상과도 같다.

일심一心이 여래장如來藏이다. 일심의 체體는 본각本覺이지만 무명無明을 따라 움직이며 생멸生滅하기 때문에 여래의 본성本性은 숨어 나타나지 않으므로 여래장如來藏이라 한다.

⇒ 맑고 깨끗한 청정법신淸淨法身은 모든 시비是非 분별分別이 끊어진 부처님의 마음 자리이고, 조금도 부족함이 없는 원만보신圓滿報身은 그 자리에서 드러난 부처님의 지혜智慧이며, 인연因緣따라 수없이 몸을 나투는 천백억화신千百億化身은 중생의 부름에 응應하여

나타나는 부처님의 행行이다.

그러므로 현상계의 유정有情 무정無情의 모든 생명체가 그대로 석가모니 부처님이다.
그러나 중생은 삼신三身[법신 보신 화신]을 벗어난 업신業身[靈魂]으로 살고 있어 그것을 보지 못할 뿐이다.

⇒ 본래청정本來淸淨한데 홀생무명忽生無明인가?
"본래 인간은 청정한 부처인데, 왜 무명업장無明業障이 생겼는가?"

조선조 승과 시험에 나왔던 문제이다. 보우 스님이 주관했던 이때의 승과에서 급제한 분이 바로 서산대사(西山大師, 1520-1604)인데 답은 이러했다.

본래청정本來淸淨 본본!

"우리가 깨치지 못해서 그렇지 본래 다 부처이다."
이는 부처님 말씀을 되풀이한 것인데, 무명업장無明業障은 본래 있는 것이 아니고 무시무종無始無終이라. 처

음도 없고 끝도 없는 허망한 한 생각이 청정한 마음
에 붙은 때와 같은 것이라는 말씀이다.

이 업장業障인 한 생각 뿌리를 금생今生에 뽑아 버리
는 수행이 화두 **이뭣고**이다.

⇒ 공적영지空寂靈智
마음의 체體는 고요한 앎[空寂]이며 마음의 용用은 신
령한 앎인 영지靈智이다. 이와 같이 일체의 분별分別
과 망상妄想 망념妄念, 말과 문자를 떠난 마음의 근원
적根源的 자기 활동성活動性을 공적영지라 한다.

진심眞心인 마음이 곧 부처

육조혜능 스님에게 제자 법해法海 스님이 물었다.
"마음이 곧 부처란 무슨 뜻입니까?"
"지난날의 생각을 일으키지 않는 것이 마음이고, 미래에도 그 생각이 일어나지 않는 것이 곧 부처이다. 또한 일체의 형상形相을 만들어 내는 것이 곧 마음이요, 상相을 여의고 그 본성을 보는 것이 곧 부처니라."

선善이라 해서 취하지 아니하며 악惡이라 해서 버리지 않으니, 깨끗함에도 더러움에도 의지하지 않는 마음이 참 마음이다.

⇒ 『원각경』圓覺經에 이르셨다.

일체중생一切衆生 종종환화種種幻化

개생여래皆生如來 원각묘심圓覺妙心이라.

일체중생의 가지가지 허망한 생각도 모두 여래의 원만히 깨달은 묘妙한 마음에서 일어난다.

나의 마음이 곧 부처임을 확신하고 나의 본성本性이 여래如來라고 깨달으면, 그 마음이 곧 부처이다.

⇒ 우주와 인간과 만법이 모두 마음에서 비롯된다. 이 마음이 곧 우주 만법이 일어나는 바탕이며 본질이니, 마음을 떠나서는 아무것도 없다는 것이다. 그러나 중생은 껍데기인 망심妄心과 식심識心을 '나'로 삼아 살아가고 있다.

그런 중생을 깨우치려 선지식이 송頌하기를,

장안만리천만호長安萬里千萬戶
고문처처진석가鼓門處處眞釋迦라.

"내 마음의 집 천만 호인데,

두드리는 문마다 나오는 사람 모두가 석가모니 부처
님이네."

중도中道가 부처이다.

선악善惡의 시비是非를 취사取捨하면 변견邊見[相見, 斷見]에 떨어질 수밖에 없다.

그러나 선善도 취하지 않고 악惡도 버리지 않고 깨끗하고 더러운 것의 양변을 떠나 죄罪의 본성本性이 공空함을 통달하면, 생각 생각 어디에서도 죄罪를 찾을 수 없다. 그 성품이 공空하기 때문이다.
죄성罪性이 공空하다는 것은 삼계三界가 유심唯心이라는 것을 뜻한다.
이것이 곧 자성청정심自性淸淨心이다.

일체 만법萬法이 다 공空하여 쌍차雙遮 쌍조雙照하며 진공묘유眞空妙有하니, 이것을 참마음이라 하고 중도中道라 한다.

⇒ 불사선不思善 불사악不思惡이라.

이 양변兩邊을 버린 것을 중도라 하는 데, 이는 삼라
만상森羅萬象이 모두 쌍차雙遮 쌍조雙照해서 차조遮照
가 동시同時라는 말이다.

⇒ 색色이 멸滅해서 공空인 색멸공色滅空이 아니라, 색
의 본질인 색의 성품性品이 공한 색성공色性空인 것이
다. 즉 색즉시공色卽是空이고 공즉시색空卽是色이다.

⇒ 8만4천 법문은 무주無住이다.

무주가 쌍차雙遮면 직관直觀은 양변이 중도로 융합하
는 쌍조雙照이다.

이 원각圓覺이 생명의 원천이며 불성인 **이뭣고** '시是'
이다.

마음 밖에서 찾지 마라

내 안의 부처인 공심空心 밖에서 부처를 찾지 말라는 말
이다.

허망한 한 생각이 본 성품을 등지고 뜬구름 같은 몸과
마음을 '나'로 삼아 무명無明을 키우는 게 중생의 삶이
다. 이 전도몽상顚倒夢想으로 인해 몸에 대한 애착과 집
착이 뼈에까지 사무치고 세포 하나하나에까지 각인刻
印되어 고질병이 되어 버렸으니, 머리로 이해理解해서
해결될 일이 아니다.

그러나 자성번뇌自性煩惱 또한 그 번뇌의 뿌리가 있는
것이 아니다. 마음이 미迷해서 일어나는 조작造作일
뿐이다.

따라서 번뇌의 근본이 되는 한 생각의 뿌리만 제거하
면 그만이다. 그리고 이 뿌리를 잘라내는 유일한 금

강보검金剛寶劍이 생활 속에서 언제나 수행할 수 있는 **이뭣고**이다.

⇒ 『법화경』法華經 신해품은 '장자長者와 궁자窮子의 비유'를 들어, 어리석어 밖으로만 떠돌던 아들이 거지가 되어 50년 동안 춥고 배고픈 온갖 고생을 하다가 철이 들어 부모를 생각하며 고향으로 발길을 돌리는 것이 발심發心이며, 내 아버지가 장자[본래 부처]임을 믿는 것이 신심信心이라는 것을 보여준다.

신심이란 부처님과 그 가르침에 대한 무한 믿음을 갖고 부처님과 같은 깨달음을 이루리라는 굳은 마음을 갖는 것이다.

우리로서는 **이뭣고** 수행으로 금생에 생사고生死苦에서 벗어나는 것만이, 부처님 은혜恩惠에 보답하는 길이다.

⇒ 동산양개(洞山良价, 807-869) 스님의 과수게過水偈

절기종타멱切忌從他覓 초초여아소迢迢與我疎

아금독자왕我今獨子往 처처득봉거處處得逢渠
거금정시아渠今正是我 아금불시거我今不是渠
응수임마회應須恁麼會 방득계여여方得契如如라.

밖에서 찾지 마라.
갈수록 나한테서 멀어지리니.
나 이제 홀로 가매
곳곳에서 그를 만나리라.
그가 바로 지금 나이지만,
나는 지금 그가 아니로다.
이렇게 깨달아야 바야흐로 부처를 만나리라.

물속에 비친 양개의 그림자[渠]는 천지 합일天地合一을
이루어 우주와 일체가 되지 못한 육신의 그림자[相]일
뿐이다. 우리의 육신이나 물속에 비친 그림자는 나고
죽는 일이 없는 존재存在의 밑 바탕인 우리의 본체,
즉 진아眞我의 환영에 불과하다.

천성멱타종불견千聖覓他從不見
전신은재태허중全身隱在太虛中이라.

일천 성인이 밖으로 나를 찾아 헤매여도 마침내 찾지 못하니, 그것은 온몸 그대로가 태허공太虛空이기 때문이다.

⇒ 일체법一切法은 모두 여래장심如來藏心을 따라 일어난 망념妄念의 분별로 나온 것이다. 그러므로 일심一心 자체는 일체법으로 나온 것이 아니다.

따라서 세간의 일체 경계와 차별상은 모두가 중생의 무명망심無明妄心을 의지해서 현재에 안주하고 미래의 업종자業種子[아타나]를 지니게 되는 것이다.

일체법一切法 여경중상如鏡中像
무체가득無體可得 유심허망唯心虛妄
심생즉心生卽 종종법생種種法生
심멸즉心滅卽 종종법멸고種種法滅故라.

그러므로 일체법은 거울 속에 나타난 허상虛想과 같아서 얻을 만한 실체實體가 없듯이, 마음이 일어나면 일체법이 일어나고, 마음이 멸하면 일체법 또한 없어지는 것이다.

그러니 심외무법心外無法 호용별구胡用別求라.
마음 밖에 법이 없으니, 밖에서 찾을 것이 있겠는가?

⇒『벽암록』碧巖錄 45칙에 전한다.

한 승이 조주 스님에게 물었다.
만법귀일萬法歸一 일귀하처一歸何處오?
"만 가지 진리의 법이 하나로 돌아가는 데, 그 하나는
어디로 돌아갑니까?"

아재청주我在淸州 작일영포삼作一領布杉 중칠근重七斤
이라.

"내가 고향인 청주에 있을 때 만법이 그대로 하나이
고, 하나가 그대로 만법이었다."

즉, 하나[是]가 만법으로 돌아왔기 때문에 해탈의 삼
베옷 한 벌 만들어 입으니. 그 옷의 무게가 일곱 근[가
사 장삼 한 벌]인데, 여여如如한 부처라.
"그저 시원할 뿐"이라는 것이다.

⇒ 「화엄경」에 이르길,

행행도처行行到處 지지발처至至發處라.

가도 와도 그 자리이니, '시공時空을 벗어난 바로 시[是]의 자리'라는 말씀이다.

해인사 법보전 주련의 말씀도 이와 다르지 않다.

원각도량하처圓覺道場何處
현금생사즉시現今生死卽時라.

원각 도량이 어느 곳인가? 생사 속에서 지금 숨 쉬고 내쉬는 바로 시[是]의 자리라는 가르침이다.

⇒ 부대사(傅大士, 497~569) 송頌하길,

야야포불면夜夜抱佛眠 조조환공기朝朝還共起
기좌진상수起坐鎭相隨 어묵동거지語默同居止
섬호불상리纖毫不相離 여신영상사如身影相似

욕식불거처欲識佛居處 지저어성시只這語聲是라.

밤이면 밤마다 부처를 안고 자고
아침마다 같이 일어난다.
앉으나 서나 서로 함께하며
말하고 침묵할 때도 같이 한다.
털끝만큼도 서로 떨어지지 않으니
마치 몸에 그림자 따르는 것과 같구나.
부처가 어디 계시는가 알고자 하는가?
지금 말하고 있는 바로 **이뭣고**[是] 자리이다.

⇒ 도교道敎에서는 하나의 태극太極에서 나와 태극으
로 돌아간다고 하고,
기독교에서는 창조주인 하나님으로부터 나와서 다시
창조주에게 돌아간다 하고,
정토종에서는 아미타불의 본원에 귀의한다고 한다.

⇒ 선禪에서는

무진성해함일미無盡性海含一味

일미상침시아선一味相沈是我禪이라.

다함이 없는 자성 바다 전체가 한 맛이니, 색色과 공
空이 통한 무장애법계에 드는 것을 선禪이라 말한다.
화엄과 법화 일승원교가 다 방편 가설임을 분명히 알
아야 한다.

견지망월見指忘月이라.
달을 가리키는 손가락만 보아서는 달을 볼 수 없으니,
일초직입여래지一超直入如來地라.
참선參禪 **이뭣고**만이 달을 바로 보고 깨쳐 여래지如來
地에 들게 하는 유일한 열쇠이다.

⇒『능엄경』楞嚴經에 이르셨다.

색유동정色有動靜 견성부동見性不動
성유생멸聲有生滅 문성상재聞性常在라.

물질은 움직임과 머무름이 있지만
물질을 보는 성품은 부동하다.

들리는 소리는 생멸이 있지만
소리를 듣는 성품은 항상하도다.
듣고 보는 참 성품 자리는 부동인데, 경계에 끄달려
분별하는 마음이 일어나므로 주객이 전도된 것이다.

반문문성反聞聞聲 이근원통耳根圓通이라.

소리를 들을 때 '듣는 자' 즉, 무엇이 듣는지 그 본성
을 깨닫는 것을 '반문문성'이라 한다.
들은 것을 되돌려서(반문) 자신의 자성自性을 자각自覺
함으로써 번뇌를 끊고 불성을 발현하는 것이다.

곧 **이뭣고** 이[是]를 직관함으로써 자성自性이 곧 불성
임을 깨닫는 것이다.

이근원통耳根圓通이라.
육근六根 가운데 하나가 원통해지면 나머지 오근五根
도 통하여 해탈解脫을 이룬다는 것이 부처님 말씀이
다. 자기 목소리를 자기가 들음으로써, '누가 이 소리
를 내고, 이 소리를 듣는 자 누구인가?'를 알아차리는

것이다.

땡땡댕! 하는 소리를 듣고 '종 소리네' 하는 것은 생각이다.

이 생각 이전의 묘음妙音을 자각自覺하는 것이 중도연기中道緣起를 경험하는 것이다.

무정설법無情說法 빗방울 소리

『벽암록』 46칙은 경청 스님의 선문답을 싣고 있다.

경청 스님이 한 스님에게 물었다.
"문밖에서 들리는 게 무슨 소리냐?"
"빗방울 소리입니다."
"너는 빗방울 소리에 사로잡혀 있구나."
그러자 스님이 물었다.
"스님께서는 저 소리를 뭐로 듣습니까?"
"자칫했으면 나도 빗소리에 사로잡힐 뻔했지."
"그게 무슨 뜻입니까?"
"자신을 잃어버리고 빗소리[생각]에만 집착하는구나."

중생은 빗소리, 바람소리를 들으면 그 소리에 집착하
여 자신을 잃어버리고 항상 밖의 경계에 끄달려 노예
가 되어 살아가고 있다는 말이다.

임제 스님이 말했다.

수처작주隨處作主 입처개진立處皆眞이라.

자신이 시방삼세의 주인이 되어야 일체의 경계를 마음대로 활용할 수 있고, 지혜를 굴려 쓸 수 있는 대장부가 되는 것이다.

⇒ 법달法達이란 스님이 7년 동안 법화경을 외웠으나 그 진의를 알 수 없었다. 이에 육조 스님을 찾아 가르침을 청하니 스님께서 말씀하셨다.
"마음이 미혹하면 법화경의 지배를 받고, 마음을 깨달으면 법화경을 마음대로 활용하여 굴릴 수 있다."

⇒ 소동파(蘇東坡, 1037-1101)가 옥천사라는 절에 숭오 큰스님이 계신다는 소문을 듣고 선사를 찾아가니 스님께서 물었다.
"대인大人은 누구십니까?"
"나의 성은 칭秤가요."
천하 스님들의 무게를 달아보는 저울이라고 답한 것이

다. 이에 스님이 "억!" 하고 할을 하곤 다시 물었다.
"이것이 몇 근이나 됩니까?"
그 한마디에 소동파는 앞뒤가 꽉 막혀 버렸다. 그는
그 길로 동림상총 선사를 찾아가 '할'의 도리를 물었
다. 그러자 선사가 되물었다.

"그대는 어찌 무정설법은 듣지 못하고 유정설법만 들
으려 하는고?"

선사의 꾸짖음을 듣고 온통 무정설법이라는 의정에
몰두했다. 하룻밤을 절에서 머물고 말을 타고 계곡을
내려오던 소동파는 폭포수 물소리에 크게 개오開悟했
으니, 그때 남긴 오도송이다.

계성변시장광설溪聲便是長廣舌
산색개비청정신山色豈非淸淨身
야래팔만사천게夜來八萬四千偈
타일여하거사인他日如何擧似人잇고.

맑게 흐르는 물소리가 곧 부처님의 무정 설법이고

푸른 산 빛 그대로 부처님의 청정법신淸淨法身이로구
나!
어젯밤 깨친 부처님의 무정설법인 이 묘음妙音을
어떻게 다시 그대에게 설說할 수 있겠는가?

⇒ 『운문록』雲門錄에 이르렀다.

"일체의 모든 소리는 부처의 소리요, 일체의 모든 모양
은 부처의 모습이며, 산하대지가 그대로 청정법신淸淨
法身이다.

日出東天紅
일출동천홍

日洛西天紅
일락서천홍

一口吞東西
일구탄동서

心紅自照三天
심홍자조삼천

아침 해 동쪽 하늘에 붉게 뜨고

저녁 해 서쪽에 붉게 지는데

한 입에 동서를 삼켜 버리니

원각圓覺의 붉은 지혜광명 **이뭣고**가

스스로 삼천대천세계를 비추고 있네. 억!

庚午年 七月

青雲

이뭣고 참선요지

초판발행 | 2023년 3월 29일

지은이 • 청 운 스님
발행인 • 김 동 금
펴낸곳 • 우리출판사
서울시 서대문구 경기대로9길 62
전화 (02) 313-5047 · 5056
팩스 (02) 393-9696
이메일 wooribooks@hanmail.net
홈페이지 wooribooks.co.kr
등록 제9-139호
ISBN 978-89-7561-355-5

값 9,000원